大数据时代财经类专业
数智财经系列教材

大数据融合

智能财务与决策分析

主　编　贲志红　谢真孺　梁　蕾
副主编　刘　青　吴　雯

微课版

"互联网+"创新型教材
扫码看微课视频，随时随地轻松学
配套在线课程平台，共享优质教学资源

大连理工大学出版社

图书在版编目(CIP)数据

智能财务与决策分析 / 贲志红,谢真孺,梁蕾主编. -- 大连：大连理工大学出版社,2022.11(2025.6重印)
ISBN 978-7-5685-3361-4

Ⅰ.①智… Ⅱ.①贲… ②谢… ③梁… Ⅲ.①财务管理－管理信息系统－高等职业教育－教材 Ⅳ.①F275-39

中国版本图书馆 CIP 数据核字(2021)第 252742 号

大连理工大学出版社出版
地址：大连市软件园路 80 号 邮政编码：116023
电话：0411-84708842 邮购：0411-84708943 传真：0411-84701466
E-mail:dutp@dutp.cn URL:https://www.dutp.cn
沈阳市永鑫彩印厂印刷 大连理工大学出版社发行

幅面尺寸:185mm×260mm　印张:8.5　字数:207 千字
2022 年 11 月第 1 版　　　　　　2025 年 6 月第 3 次印刷

责任编辑:王　健　　　　　　　　责任校对:刘俊如
　　　　　　　　封面设计:张莹

ISBN 978-7-5685-3361-4　　　　　　定　价:29.80 元

本书如有印装质量问题,请与我社发行部联系更换。

前　言

《智能财务与决策分析》是大数据时代财经类专业数智财经系列教材之一,是校企合作、校校合作的共同成果,承载着编者致力探索职业教育数字化财会人才培养目标的共同愿景,以期为职业院校大数据与会计专业、大数据与财务管理等专业开设智能财务与决策分析相关课程提供精品教材。

"智能财务与决策分析"是高等职业院校大数据与会计等相关专业的一门专业综合课程,本教材依托厦门网中网软件有限公司的财务决策实战平台,基于会计职业变革,使财务人员转型为能够对大数据进行分析、加工财税信息、深挖业务实质、分析预测等企业价值的构建师,这是一门综合性、实践性和应用性较强的课程。

本教材以企业经营中典型业务案例为主线,采用任务驱动方式,结合平台每个项目的学习目标、任务安排,详细讲解了企业经营过程中的决策点和技能点。按照"任务描述—决策分析—操作流程"的脉络,设计企业运营处理流程,满足新的职业素养、专业知识和技术技能要求。为方便教师教学与学生学习,本教材配有丰富的数字化教学资源,为院校数字化人才的培养目标提供支持。

本教材具体特色如下:

(1)适应新形势。本教材基于财税行业的新业态和新需求,融合课堂思政元素,以培养复合型财会人才为目标,以决策分析工作为主线,以智能财务岗位任务为驱动,培养学生业务处理、新技术应用、数据分析等专业能力,锻炼学生数据分析与财务决策思维。

(2)结合"一带一路"大赛。本教材结合"一带一路暨金砖国家技能发展与技术创新大赛之智能会计赛项"比赛规程,创建一家工业企业,模拟某年第一季度经营企业,并完成财务核算及纳税申报,目标在于培养学生站在企业整体视角认识财务管理的价值;懂得团队配合的重要性和必要性;深刻领会"学以致用、用以致学"的交互学习方法;拓宽视角,熟悉企业实际业务,为走向工作岗位奠定基础。

(3)融合"1+X"证书。本教材融合"1+X"财务共享服务职业技能等级证书考试,将财务共享服务中心的智能化技术应用于企业财务处理全过程,目标在于培养学生将所学理论知识与企业实践有效结合,提升财务管理知识的实践应用技能。

(4)体现新形态。基于计算机网络和手机在教学中的广泛应用,教材配套了大量教学资源,包括微课、操作视频资源、教学大纲、课前准备、PPT课件等,学生可随时随地通过扫描教材中的二维码实现线上学习、训练并与教师互动。这些丰富的教学资源为新专业目录下的新课程的开展提供了有力的支撑。教学资源既可在职教数字化服务平台https://www.dutp.cn/sve下载,也可在超星学习平台在线观看。

使用本教材的教学建议有以下几点：

(1)本教材将"一带一路暨金砖国家技能发展与科技创新大赛之智能会计赛项"和"1＋X"财务共享服务职业技能等级证书考试有关内容及要求有机融入课程教学,实现课程教学内容与岗位真实情境有机融合,课程脉络与大赛规程有机融合,课程评价与财务共享服务职业技能考核有机融合。本教材突出启发式实操教学,灵活运用项目教学法、案例教学法、教师演示法、讲授法、实操与讨论法等先进教学方法,灵活运用和组合微课视频、多媒体资源、网络课程等多种现代化教学手段,发挥信息化教学的特点和优势,提升学生建构知识的能力。

(2)教学项目通过任务驱动、情境教学等方式,在智能财务与决策分析实训室采用"教、学、做"一体化教学方式完成。教师可按照设计、计划、演示、实操、反馈与评价、提高六步教学法组织教学。教师可按教学项目的具体要求和工作过程,分配教学时间并进行项目的划分;将学生分为若干小组,小组成员扮演不同智能财务与决策分析岗位角色,提升学生团队协作的能力。

(3)实践教学中,可开展多层次递进练习与指导,教师组织学生以个人或小组为单位反复实践操作,教师巡回辅导、指导,根据练习中出现的问题进行纠正,对于普遍性问题及时做补充讲解,提高学生实际解决问题的能力。

本教材由上海电子信息职业技术学院贡志红、江西现代职业技术学院谢真孺、梁蕾任主编;厦门网中网软件有限公司刘青、焦作大学吴雯任副主编;江西现代职业技术学院毛怡洁、游洪赢任参编。具体编写分工如下:贡志红编写项目一至项目三,谢真孺编写项目四和项目七,梁蕾编写项目五,刘青负责案例的设计和审核,吴雯编写项目六,毛怡洁和游洪赢对案例进行测试并制作了大量数字化教学资源。全书由贡志红负责拟定大纲、统稿,由谢真孺负责修改。

在编写本教材的过程中,编者参考、引用和改编了国内外出版物中的相关资料以及网络资源,在此表示深深的谢意！相关著作权人看到本教材后,请与出版社联系,出版社将按照相关法律的规定支付稿酬。

由于编者水平有限,加之时间比较仓促,教材中仍可能存在疏漏之处,欢迎广大读者批评指正。

编　者

2022年11月

所有意见、建议请发往:dutpgz@163.com

欢迎访问职教数字化服务平台:https://www.dutp.cn/sve/

联系电话:0411-84707492　84706104

Contents

目录

项目一　企业筹建 ··· 1

任务一　认知平台 ··· 2
任务二　认知规则 ··· 5
任务三　认知岗位分工与岗位角色 ····························· 14

项目二　采购管理 ··· 21

任务一　取得不动产 ··· 22
任务二　取得生产线 ··· 26
任务三　取得办公设备 ··· 30
任务四　采购原材料 ··· 33

项目三　生产管理 ··· 39

任务一　生产准备 ··· 40
任务二　生产产品 ··· 42
任务三　投入研发 ··· 49

项目四　销售管理 ··· 53

任务一　预测市场 ··· 54
任务二　承接订单 ··· 55
任务三　交换存货 ··· 62
任务四　销售原材料 ··· 65

项目五　资金管理 ··· 69
　　任务一　融资借款 ··· 70
　　任务二　投资股票 ··· 74

项目六　财务共享服务中心 ······························· 77
　　任务一　认知政策 ··· 78
　　任务二　处理账务 ··· 81
　　任务三　审核财务报表 ····································· 99
　　任务四　申报纳税 ··· 102

项目七　决策分析 ··· 125
　　任务一　分析KPI指标 ····································· 126
　　任务二　路演汇报 ··· 129

项目一
企业筹建

【思政目标】
◇ 培养学生统筹思维及全局意识
◇ 培养学生公正、法治的社会主义核心价值观

【知识目标】
◇ 整体认识财务决策实战平台的架构及设计理念
◇ 了解财务决策实战平台的相关知识及应用
◇ 理解财务共享服务中心的概念及优势
◇ 熟悉财务决策实战平台的规则

【技能目标】
◇ 能够全面把握企业的运作流程
◇ 能够链接相关专业知识,制定企业运营战略

任务一 认知平台

一、任务描述

(一)任务场景

本实训依托财务决策实战平台软件,通过计算机网络仿真模拟企业的运作管理,将财务管理知识融入整个实训过程中。该平台内置集成电算化系统,将企业运营中产生的数据自动生成仿真单据,学生通过对单据的解读,填写记账凭证,最后生成财务报表;该平台内置集成报税系统,完全模拟仿真现行税务系统表单及申报流程,学生可依照现行法律、法规如实填报企业运营过程中产生的税务信息并申报缴纳;该平台利用大数据信息技术抓取学生经营数据,并形成正确的财税信息,方便学生在实训过程中查找错误与不足,从而对知识进行巩固和应用。

通过本实训,学生在同一市场环境下组建自己的公司,自主决策,自主经营,应用所学的财务管理等知识、技能,努力提升企业绩效。学生应用会计、税务等知识加工生成准确无误的财税信息,以便决策者利用这些信息做出更加合理的经营决策。

(二)任务布置

将学生按平台规则进行分组,每个学习小组都是一个具有相对完整知识结构的学习群体,为模拟企业经营提供多重角色资源,为自主式、协作式学习提供必要的组织保障。

(1)基础层面:掌握企业运作的基本流程以及各环节之间的基本关系。

(2)技术层面:掌握企业的资产结构、物流结构和现金流结构及其周转变化的特点与核算。

(3)决策层面:掌握企业不断提高竞争力的战略规划、执行效率和细节安排。

二、决策分析

决策点1:了解财务决策实战平台的架构及设计理念

财务决策实战平台是基于财务共享服务中心的五大功能模块,通过四个岗位的分工协作,进行为期3个月的企业运营,最后通过税收稽查中的经营指标,评价企业运营成果。财务共享服务中心包含合同管理、发票管理、报账审核、会计核算、税务管理五大功能模块。财务决策实战平台概念图如图1-1所示。

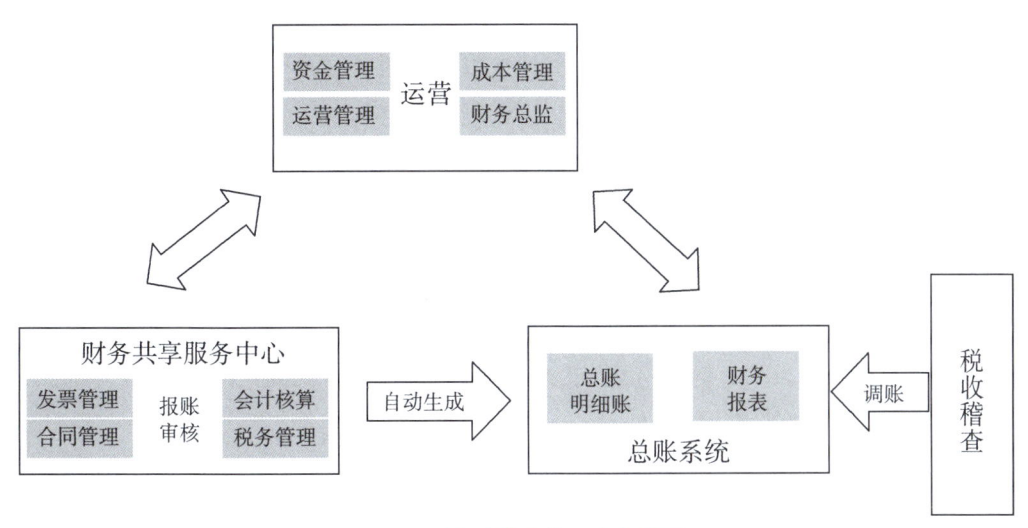

图 1-1　财务决策实战平台概念图

决策点 2：理解财务共享服务中心的概念及优势

1. 财务共享服务中心的概念

财务共享服务中心（Financial Shared Service Center，FSSC）是近年来出现并流行的会计和报告业务管理方式。它将不同国家、地点的实体会计业务拿到一个共享服务中心（SSC）来记账和报告，这样做的好处是保证了会计记录和报告的规范和结构统一，而且不需要在每个公司和办事处都设会计岗位。例如，DELL在中国各个地区的销售网点仅设置了一个销售及服务团队，各销售网点通过设在厦门的总部的标准订单统一处理业务，其财务可共享至厦门。

2. 财务共享服务中心的优势

与普通的企业财务管理模式不同，财务共享服务中心的优势在于其具有规模效应，即降低运作成本、提高财务管理水平与效率、支持企业集团的发展战略和提供商业化服务。

（1）降低运作成本

财务共享服务中心可进行量化计算与比较，例如，分析一个财务共享服务中心人员每月平均处理凭证数、单位凭证的处理费用等。这方面的效益主要通过减少人员数量和减少中间管理层级来实现。如果财务共享服务中心建立在一个新的地点，那么成本的降低效果会更显著，这是因为选择的新地点的薪资水平通常会较低。在财务共享服务中心建立新型的组织结构并制定合理的激励制度，能显著地提高员工的工作效率，进而形成不断进取的工作氛围。

（2）提高财务管理水平与效率

财务共享服务中心可对所有子公司采用相同的标准作业流程，废除冗余的步骤和流程。财务共享服务中心拥有相关子公司的所有财务数据，数据汇总、分析不再费时费力，更容易做到跨地域、跨部门整合数据。同时，财务共享服务中心人员的总体专业技能较

高,提供的服务更专业,同类方向的专业人员相对集中,公司较易提供相关培训,培训费用也大为节省,招聘资深专业人员的费用也变得可以承受。此外,财务共享服务中心的IT系统(硬件和软件)的模式更为标准化、更新更为迅速。

(3)支持企业集团的发展战略

公司在新的地区建立子公司或收购其他公司,财务共享服务中心可以马上为这些新建的子公司提供服务。同时,公司管理人员能将精力集中在公司的核心业务,而其他的辅助业务通过财务共享服务中心提供的服务完成。因此,更多财务人员能够从会计核算中解脱出来,为公司业务部门的经营管理和高层领导的战略决策提供高质量的财务决策支持,促进核心业务发展。综上所述,财务共享服务中心可将企业管理人员从繁杂的非核心业务工作中解放出来。

(4)提供商业化服务

有些公司开始利用财务共享服务中心向其他公司提供有偿服务。例如,壳牌石油(Shell)建立的"壳牌石油国际服务公司"(Shell Services International)每年8%～9%的收入来自向外界提供服务。

三、操作流程

1. 知识储备

财务决策实战平台营造了一个虚拟的商业社会环境,模拟企业经营规则,让学生在虚拟的商业环境、市场环境中了解企业经营的本质,让学生从首席财务官(CFO)的角度去自主地经营一家工业企业并进行账务处理、电子报税和税收稽查。学生需要掌握"基础会计""管理会计""财务管理""企业管理""市场营销学""税法""成本会计""出纳实务""会计电算化""金融学"等相关知识,并将这些知识融会贯通,从而实现业财税一体化的学习与实践。

财务决策实战平台中包含了大量需要测算的内容,因此,学生应先熟练掌握"Excel在财务中的应用"课程的内容。

财务决策实战平台是一门多学科综合应用平台,具体的财务决策实战平台知识储备见表1-1。

表1-1　　　　　　　　财务决策实战平台知识储备一览表

课程名称	涵盖知识点
基础会计	固定资产、材料采购、公允价值等
成本会计	生产费用分配、材料分配、成本核算等
税务会计	增值税、印花税、企业所得税的核算等
会计电算化	账务处理、工资核算、财务分析等
财务管理	杜邦分析法、或有负债、筹资管理、运营资金管理等
管理会计	全面预算、短期经营决策、本量利分析、预测分析等

2. 平台特色

(1)每个环节都体现资金成本、时间成本、企业信誉、机会成本。

(2)从 CFO 的角度进行企业运营,充分体现财务决策的重要地位。

(3)引入市场机制,体验市场调控功能和市场风险。

(4)加入企业风险,体验风险控制对决策的影响。

(5)创设企业运营真实环境,学生完成会计核算全过程。

(6)真实再现企业纳税申报场景,培养学生纳税筹划意识。

(7)建立稽查平台,提供企业税务自查功能,让学生多角度审核企业账务,提升审计和查账能力。

任务二　认知规则

一、任务描述

(一)任务场景

企业经营的基本要求是生存、发展和营利。当企业的全部资产无法清偿到期债务时,企业破产。

企业是指从事商品生产、流通和服务等活动,为满足社会需要,以营利为主要目的,进行自主经营、自主盈亏、具有法人资格的经济组织。

1. 企业生存

企业经营的首要基本要求是生存,在财务决策实战平台中,企业以生产经营为主,以其他业务为辅,并根据企业的经营状况合理进行投融资。如果企业无法偿还到期债务,或没有足够的资金持续经营,那么企业将会破产。

2. 企业发展

企业在生存的基础上,应当努力寻求发展,包括开拓新市场,积极投入研发,扩大生产规模,投资其他业务。

3. 企业营利

企业经营的目标就是实现利润最大化。企业营利的主要途径是扩大销售和降低成本。

4. 企业破产

企业破产是指当债务人(企业)的全部资产无法清偿到期债务时,债权人通过一定法律程序将债务人的全部资产供其有限受偿,从而使债务人(企业)免除不能清偿的其他债务。平台规定:

(1)债权人向法院提起诉讼,企业无法付款,即刻破产。

(2)企业有当日应支付款项,无银行存款或现金支付,即刻破产。

(二)任务布置

财务决策实战平台中企业需要遵守企业经营的基本要求。

二、决策分析

决策点1：了解模块功能

(1)合同管理模块：企业签订的所有业务合同都在此模块中进行管理，包括采购合同、销售合同、租赁合同，通过合同管理可以查询每笔经济业务的状态。

(2)发票管理模块：主要对采购和销售业务的增值税发票进行索取和开具。采购业务的相关发票需要在索取后进行集中认证并提交报账审核；销售业务的发票需要在开具后提交报账审核。

(3)报账审核模块：报账审核模块作为财务共享服务中心的核心模块，主要负责处理企业日常业务产生的单据。

(4)会计核算模块：包括两大成本核算及总账系统。成本核算处理企业月末的成本业务；总账系统用来处理报账审核模块不能处理的无原始单据凭证的业务以及其他特殊业务。

(5)税务管理模块：处理企业每月发生的相应的涉税业务，主要包括增值税及所得税处理、其他税费的处理。增值税及所得税处理包括增值税月申报、企业所得税季度申报、企业所得税年度汇算清缴；其他税费的处理包括其他税费月申报、季申报、年申报。

决策点2：了解业务模块

(1)采购管理：包含企业采购业务流程，取得不动产、生产线、办公设备和采购原材料。

(2)生产管理：包含生产准备、生产产品、投入研发。

(3)销售管理：包含预测市场、承接订单、交换存货、销售材料。

(4)资金管理：包含融资借款、投资股票。

(5)财务共享服务中心：包含认知政策、处理账务、审核财务报表、申报纳税。

(6)经营分析：包含KPI指标分析和路演汇报。

三、操作流程

(一)市场营销规则

(1)平台中企业通过投放广告来获取一定的市场份额，市场份额体现为可选的"主营业务订单"数量。

(2)平台中的市场分为国内初级市场、国内中级市场和国内高级市场。要达到不同等级的市场，企业需投入的广告费从45万元到500万元不等。平台初始设置的"市场范围"为"一类低级"。

(二)原材料及产品规则

1.原材料采购及出售

(1)平台中的企业可以在"采购市场"采购原材料,采购时可自主选择供应商、采购数量及付款方式。

(2)产品品种与原材料配比。每件数据配备的产品和原材料不同,详细信息请参考平台中的资讯信息。

(3)原材料采购完5天内到货,具体时间见平台业务。

(4)企业采购原材料可获得商业折扣和现金折扣。

①商业折扣。采购数量满1 000件享受货款总额1%的商业折扣;采购数量满2 000件享受货款总额1.5%的商业折扣;采购数量满3 000件享受货款总额2%的商业折扣;采购数量满5 000件享受货款总额2.5%的商业折扣。

②现金折扣。当平台中的企业采取"货到付款"的方式时,若选择一次性付款,则可享受现金折扣,标准为"2/10,1/20,n/30"。

(5)"付款方式"有两种:货到付款和款到发货。

①在企业信誉值>60分的情况下,可以选择"货到付款"方式。货到付款又分为以下三类:

a.一次性付款。

30天内付清货款可享受现金折扣。付款期过后10天内应支付滞纳金(合同总金额的0.05%/天),每天扣减信誉值0.2分,直至付清货款为止。10天后仍未付款,在30天违约期的,应一次性支付违约金(合同总金额的30%),每天扣减信誉值0.2分。违约期到期日仍未支付,进入法院程序,在法院的诉讼期内可支付相应款项(包括货款、滞纳金、违约金),若企业不支付,则法院会出具最终判决书,强制执行。

b.首三余七。

滞纳金计算:首付30%,10天内付清,超过付款期19天内,应支付滞纳金(合同一期金额的0.05%/天),每天扣减信誉值0.2分;二期付款70%,30天内付清,超过付款期10天内,应支付滞纳金(合同总金额的0.05%/天),每天扣减信誉值0.2分。

违约金计算:超过最终付款期限未付款的,滞纳金罚期10日后,按合同金额(不含税金额)的30%支付违约金,并加扣信誉值每天0.2分。不支付违约金的,进入法院程序,在法院的诉讼期内可支付相应款项(包括货款、滞纳金、违约金),若企业不支付,则法院会出具最终判决书,强制执行。

c.首六余四。

滞纳金计算:首付60%,10天内付清,超过付款期19天内,应支付滞纳金(合同一期金额的0.05%/天),每天扣减信誉值0.2分;二期付款40%,30天内付清,超过付款期10天内,应支付滞纳金(合同总金额的0.05%/天),每天扣减信誉值0.2分。

违约金计算:超过最终付款期限未付款的,滞纳金罚期10日后,按合同金额(不含税金额)的30%支付违约金,并加扣信誉值每天0.2分。不支付违约金的,进入法院程序,在法院的诉讼期内可支付相应款项(包括货款、滞纳金、违约金),若企业不支付,则法院会出具最终判决书,强制执行。

②在企业信誉值≤60分的情况下,只能选择"款到发货"的方式。

(6)运费。

采购运费分两部分:固定部分和变动部分。

固定部分与供应商所在的地区有关,变动部分与采购原材料数量有关。

(7)原材料供应商类型。

供应商分为一般纳税人和小规模纳税人。选择不同类型的供应商可能影响企业当期缴纳的增值税额。

(8)原材料库存下限。

原材料库存下限为10件,生产和研发领料不可使库存低于库存下限。多余的原材料可以按照当时的市场价格进行销售。

2. 产品生产

平台中的企业只生产三种产品——电暖气、家庭影院和烤箱。企业承接了主营业务订单后,厂房、生产线、原材料、生产人员、生产线管理人员配备齐全即可投入生产。生产周期(工时)与生产线、生产人员有关。

$$生产耗用实际工时=生产耗用标准工时÷实际生产人员数量$$

$$生产耗用标准工时=产品数量×单位耗时$$

注:"单位耗时"(可在平台的"生产线信息"中查看)是指生产一件产品,一名生产人员所需耗用的天数。"实际生产人员数量"是指企业实际在一条生产线上进行生产的人员数量。"生产线信息"中的"人数上限"是指一条生产线最多可容纳的"生产人员"数量,但企业投入生产的实际生产人员数量可以低于人数上限。

3. 产品成本

(1)产品成本由直接材料、直接人工及制造费用构成。

(2)产品成本在月末计算和结转。完工产品出库时,成本结转采用全月一次加权平均法。完工产品和在产品成本分配的方法为约当产量法。约当产量比例根据平台界面右上角的"业务信息"—"生产信息"中的产成品比例计算。

(3)直接材料由投入生产的原材料构成。

$$直接材料=投入生产的原材料领用数量×移动加权平均单价$$

原材料入库成本采用实际成本法计算。原材料领用成本采用移动加权平均法,原材料在生产开始时一次性投入,完工产品与在产品所耗原材料成本是相等的,原材料成本按照完工产品和在产品数量分配。

(4)直接人工由员工工资薪酬构成。工资薪酬归集到各类产品中,并在完工产品及在产品中分配。按照月末获得的工时汇总表、工资汇总表和薪酬类费用表计算并填写工资费用分配表。

(5)制造费用包括低值易耗品、劳保费、生产用电费、生产用水费、生产设备及厂房租金(折旧)、维护费、生产线管理人员的工资薪酬等。月末根据工时汇总表,归集各类产品的制造费用,计算并填写制造费用分配表,并在完工产品及在产品中分配。

低值易耗品每月采购一次,一次性投入,劳保用品每季度采购一次,一次性投入,直接计入当期制造费用。

$$当月生产用电费 = 当月完工产品数量 \times 单位金额$$
$$当月生产用水费 = 当月完工产品数量 \times 单位金额$$

(6)产品仓储。

平台中的企业无须购买或租赁仓库,没有库存上限。每月15日支付上月15日至当月14日的仓储费用(初始月份支付当月1—14日的仓储费用)。

$$仓储费用 = 日仓储费用 \times 结算期天数$$
$$日仓储费用 = 原材料数量 \times M 元/天 + 完工产品数量 \times N 元/天$$

原材料数量和完工产品数量根据当日留存数计算,若当日入库且当日出库,则不计算。

4. 产品销售

(1)订单单价为不含税价格,平台会自动根据研发等级进行单价加成。

(2)付款方式为货到付款。货到付款的规则有三种:一次性付款、首三余七、首六余四。

(3)付款天数根据订单的付款规则不同而有所区别。

(4)订单承接后应在发货期内按时发货。应根据订单中的产品数量进行发货,禁止部分发货。发货期截止前,若预期库存数量无法达到订单中的产品数量,则可选择终止发货,合同即终止。合同终止后,应扣减企业信誉值(承接订单日到终止合同日的天数×0.2分)。若选择款到发货的方式,则应退还已收取的款项。

(5)付款方式为款到发货。模拟企业根据销售订单选择结算方式,系统随机付款。企业若在收到钱后不发货,超过发货时间20天内,则系统每天扣减企业的信誉值0.2分,20天后还未发货的,按违约处理。企业需要交纳的违约金为合同总金额的30%,违约金作为当天的待办事项,必须支付。待办事项可以申请延期,延期天数为10天,延期内每天扣减信誉值0.3分。支付违约金的同时,退回收到款项,合同终止。不退款、不支付违约金的,交法院处理,法院判决后由系统自动扣除违约金和货款(诉讼费先由原告垫付,败诉者最终承担;受理日至判决日,继续履行合同发货及支付违约金的,法律程序终止,诉讼费仍需支付),金额不足扣除的,做破产处理(现金流断掉)。

(6)先发货后收款,包括分期收款和一次性收款两种情况。

①分期收款。合同签订后,企业在合同规定发货期内先发货。系统根据合同所选客户信誉值付款,客户信誉值低于50分的,系统可随机不付款(不付款的概率为5%),企业做坏账处理。

分期收款方式如下:

首六余四:第一期10日内收60%,第二期30日内收40%。
首三余七:第一期10日内收30%,第二期30日内收70%。

②一次性收款。合同签订后,企业在合同规定发货期内先发货。超过发货期20日内,系统每天扣减信誉值0.2分,20天后还未发货的,按违约处理。企业需要交纳的违约

金为合同总金额的30%,违约金作为当天的待办事项必须支付。待办事项可以申请延期,延期天数为10天,延期内每天扣减信誉值0.3分。系统根据合同所选客户信誉值付款,客户信誉值低于50分的,系统可随机不付款(不付款的概率为5%),企业做坏账处理。

5. 产品研发

(1)平台中可跟进不同的产品并分别进行立项研发。研发达到50万元即可形成无形资产。

(2)累计研发投入费用达到一定的研发等级后,产品的技术含量也相应提高,主营业务订单中的产品单价会相应上涨。

(3)研发"投入费用"由"投入材料经费"和"工资薪酬"构成。"投入材料经费"根据原材料领用数量及移动加权单价相乘计算。研发和生产同类产品所需的原材料及其配比关系相同。"工资薪酬"根据研发人员的工资汇总计算。

(4)"投入费用"计算节点。原材料领用日就是计算"投入材料经费"的时点。次月15日计算上月研发人员的工资薪酬。每月1日系统自动将上月研发人员工资薪酬计入"投入费用"。

(5)研发人员在同一研发等级内不可解聘。

(6)研发可以中途停止,无须连续投入,不影响累计研发投入费用,投入费用在下次进行研发时继续累加。每月的15日之前才能投入研发,每月的20日之后才能终止研发。

(7)开发阶段投入的研发费用全部形成无形资产。

(三)日常费用规则

平台中涉及的日常费用包括差旅费、办公费、招待费、办公用水、办公用电、通信费等。费用的发生额由系统自动生成。

(四)投资规则

1. 生产线、房产、其他资产投资

(1)购买

平台中的企业可以根据需要购置生产线、房产和其他资产。购置生产线和其他资产必须一次性付款,购置房产可以选择一次性付款或者按揭贷款。开始经营之前,需要为每位管理人员和销售人员配置笔记本电脑一台,企业办公需要配置打印机和复印机各一台。此类电子产品需要在初始月份10日内购买。

(2)租赁

平台的企业可以根据需要选择以租赁形式取得生产线和房产。租赁周期一般为一年,租赁开始日支付4个月的租金,第4个月开始后的每个季度的第一个月支付一次租金,第二季度和第三季度每次支付三个月租金,第四季度一次支付2个月租金。

租赁合同未到期,可退租,退回的租金系统自动收款,出纳确认。

退租规则:固定资产处于空闲状态,随时可以退租。

退租范围:生产线、厂房、办公用房。

违约责任:以一个月的租金作为违约金。月租金计算节点为租赁合同签订后满一个月的第二天。第一个月交的押金,若提前退租,则不予退还。每个季度付款当天须选择是否季度续租,若续租即要支付季度租金;若不续租,即可退租。退租后,不用支付季度租金。被退租的资产不可再用,租赁合同终止。

(3)到货及安装

生产线购买或租赁后第二天到货,生产线的安装时间是 10 天。房产购买或租赁时可马上投入使用,无须安装。其他资产购买后 5 日内到货,无须安装。

(4)维护

无论生产线是否在用,企业每个季度必须支付 5 万元左右的维修费用。房产和其他资产无须支付维修费用。

(5)折旧

平台中的企业拥有的生产线、房产和其他资产应当采用直线法按月计提折旧,折旧年限及净残值率根据企业具体情况设置。超过税法规定的标准,年终应当进行纳税调整。

(6)处置

平台中的企业拥有的生产线、房产和其他资产只有在"空闲"状态下才能被处置,"按揭"状态的房产不可处置。

处置时的供应商与初始购买时的供应商为同一家企业,按照处置时的市场价格做固定资产清理,并缴纳相关税费。

2. 股票投资

股票投资上限为 10 万手,每手 100 股。股票在月初和月末才可购买,购买信息会在财务经理界面提示。资产负债表日需调整公允价值变动损益。

(五)融资规则

1. 筹资方式

平台中的企业筹资方式有两种:短期借款和按揭贷款。

2. 短期借款规则

(1)信誉值在 80－100 分可以进行短期借款。
(2)贷款最高限额＝实收资本×信誉值比例。信誉值比例＝信誉值/100。
(3)贷款利率每年变动,已贷款项不受影响,贷款期限不超过 1 年。
(4)按月支付利息,到期一次还本。
(5)可以提前还款,利息按照使用资金天数计算。若提前还款,则借款合同终止。
(6)利息需当期支付,不能延迟支付。

3. 按揭贷款规则

(1)按揭贷款只适用于购买房产,贷款最高限额为房产价值的 70%。
(2)贷款利率每年变动,已贷款项不受影响,贷款期限为 1—3 年。
(3)按等额本息方式还款。

(4)按揭贷款应缴纳保险费,保险费=贷款金额×0.5%。

4. 资金到账日期

短期借款3天内到账,按揭贷款5天内到账,具体时间随机。

(六)或有事项规则

根据《企业会计准则第13号——或有事项》的规定,产品质量保证属于或有事项,企业应在期末将其确认为一项负债,金额应按可能发生产品质量保证费用的数额和发生的概率计算确定。

平台中的企业需按月收入额的一定比例预提产品质量保证金(具体比例以当前企业给出的数据确定),计入预计负债。企业通常会在季度末发生质量保证维修支出,根据季度收入额的一定比例确定。

(七)非货币性资产交换规则

(1)平台中的企业可以进行易货贸易,即用企业生产的完工产品在交易市场交换所需的原材料,但不可用原材料交换完工产品。

(2)不允许用完工产品交换生产该产品的原材料。

(3)所支付的补价不能超过交换总金额(含税)的5%(该比率为系统设置)。

(4)双方结算方式为非货币性资产交换,互开发票,其中一方支付补价。

(八)人力资源规则

(1)员工工资薪酬为"固定工资+绩效工资"(只有销售人员才有绩效工资),对于任意一天入职的员工都要支付全月工资薪酬。员工的工资薪酬由工资、社会保险费、福利费、工会经费、职工教育经费构成。

(2)生产每种产品需要生产线管理人员5人,每人每月工资4 000元,系统自行配置,无须招聘。

(3)生产人员每人每月工资3 000元,研发人员每人每月工资5 000元,需自行招聘。

(4)销售人员10人,每人每月2 000元(底薪)加上绩效工资(根据销售收入确定);管理人员5人,每人每月4 000元,系统自行配置,无须招聘。

(5)生产人员和生产线管理人员不占用办公面积。销售人员、管理人员和研发人员每人占用3平方米办公用房面积。员工入职新增加办公面积后,若办公面积总数超过房屋面积,则不能完成入职。

(6)公司招聘的生产人员和研发人员总人数的上限是600人。

(7)生产人员、研发人员在一定条件下可以解雇。生产人员在生产过程完成后、研发人员在跨越研发等级后并处于"闲置"状态下,可以解雇。解雇需多支付一个月的工资薪酬作为补偿。

(九)信誉规则

(1)平台中的企业的初始信誉值为100分。

(2)采购原材料后,在应付滞纳金的期间,每天扣减信誉值0.2分;在违约期,每天扣减信誉值 0.2 分。

(3)销售发货期截止前,可选择终止发货,合同即终止。合同终止后,应扣减信誉值(承接订单日到终止合同日的天数×0.2 分)。

超过销售发货期 20 天内,系统每天扣减企业的信誉值 0.2 分,20 天后还未发货的,按违约处理。企业需要交纳的违约金为合同总金额的 30%,违约金作为当天的待办事项,必须支付。待办事项可以申请延期,延期天数为 10 天,延期内每天扣除信誉值 0.3 分。

(4)供应商、客户信誉值会对经营产生相应的风险。

(十)经营分析规则

1.评价指标

平台所设定的评价指标如下:

(1)企业信誉值。

(2)流动比率。

(3)净现金流。

(4)评估收益。

(5)现金毛利率。

(6)存货周转率。

(7)销售净利率。

(8)总资产报酬率。

(9)总资产周转率。

评价指标侧重于对企业整体经营情况的考核,每个指标所占的权重不同,分值随权重而变化,满分为 100 分。通过这些指标的设置,学生可以每个月都看到自己的成绩,并看到总成绩排行榜,从而激发学生的竞争意识,提高平台的对抗性。

2.评价指标说明

(1)企业信誉值。该指标从企业运营界面取数,考核企业信用情况。

除企业信誉值、净现金流和评估收益以批次结束前一天作为取值时点外,其余几个指标取值时点为季度末最后一天。

(2)流动比率。计算公式为"流动比率=流动资产÷流动负债",系统每月根据企业出具的财务报表,计算该指标。

(3)净现金流。计算公式为"净现金流=银行存款期末余额+库存现金期末余额",系统每月从银行对账单中提取数据计算该指标。

(4)评估收益。系统每月从银行对账单中提取数据计算该指标。该指标根据系统中的市场价格,评估企业全部资产和负债,计算出净资产市值,并扣除其净增加额应缴纳的企业所得税,用得出的税后净资产除以企业注册资本,该数值越大,分数越高。

(5)现金毛利率。计算公式为"现金毛利率=经营活动净现金流量÷经营活动现金流入量"。

(6)存货周转率。计算公式为"存货周转率=营业成本÷平均存货"。

(7)销售净利率。计算公式为"销售净利率=净利润÷主营业务收入"。

(8)总资产报酬率。计算公式为"总资产报酬率=(利润总额+利息支出)÷平均资产总额"。

(9)总资产周转率。计算公式为"总资产周转率=营业收入÷平均总资产"。

根据每个指标所占的权重不同,最终得出企业的成绩总分。

任务三　认知岗位分工与岗位角色

一、任务描述

(一)任务场景

财务决策实战平台是通过人机对抗的方式,采取组队竞争模式虚拟运营一家工业企业。让学生从CFO的角度对平台虚拟企业进行规划预算及经营决策,系统自动根据学生的经营活动和财务活动生成仿真单据。通过实训,学生把所学零散的理论知识融合成自身的职业技能和职业素养,成为企业价值实现的构建师。

(二)任务布置

1. 设立公司

公司坐落于北京市朝阳区,注册资本为人民币500万元,经营范围为电子产品的生产与销售。公司本着诚信为本、顾客至上的销售理念,携手同仁致力打造一个以家用电器为龙头、经营多种电子产品并兼营其他业务的现代化企业。

2. 岗位角色

四人一组,分别担任运营管理、资金管理、成本管理和财务总监四个角色,如图1-2所示。

图1-2　岗位角色

二、决策分析

决策点1：了解岗位分工

(1)运营管理岗：负责企业采购、生产、承接订单、人员招聘、研发投入、广告费投入等日常生产运营工作；负责业务数据收集与分析、日常业务职业判断；为财务总监提供决策的关键点及财务数据。

(2)资金管理岗：负责现金收付、银行存款收付、银行内部转账等现金流管理；负责短期贷款、股票业务等筹资与投资业务；负责期末核算业务处理、月末成本账务处理以及非日常业务凭证录入。

(3)成本管理岗：负责企业索取发票、开具发票、成本计算表的填制、工资薪酬确认、企业日常业务付款审批、财务共享服务中心处理及电子报税等财务事项处理。

(4)财务总监岗：负责企业全面财务管理、预算编制、运营决策审批、电子报税的审批等企业全盘财务运营的统筹；会计凭证审核、过账、结转损益、出具财务报表等电算化业务的处理。

决策点2：了解岗位角色主要权限分配

1. 运营管理

(1)合同管理。
(2)发票管理。
(3)报账审核。

2. 资金管理

(1)会计核算－总账系统：凭证录入、凭证查询。
(2)报账审核。
说明：资金管理岗位与运营管理岗位不能同时进行报账审核。

3. 成本管理

(1)税务管理－纳税申报表的填写。
(2)会计核算－成本核算。

4. 财务总监

(1)税务管理－纳税申报表的审核、缴税。
(2)会计核算－总账系统：凭证审核－凭证过账－结转损益－期末结账。

岗位角色主要权限分配如图1-3所示。

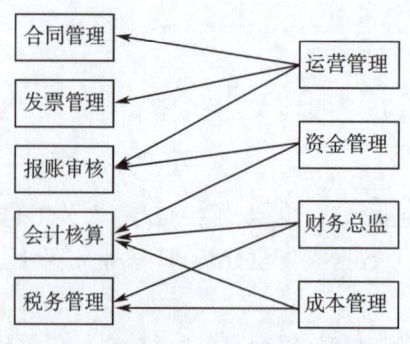

图 1-3　岗位角色主要权限分配

三、操作流程

(一)平台运营主页

平台运营主页分为三个区域,上方是角色信息、成员信息、系统当前时间等;中间是待办事项、审批单、各角色关注的信息、各角色常用操作快捷入口等;下方是企业经营相关的操作。如图1-4所示。

图 1-4　平台运营主页

1. 角色信息、成员信息、系统当前时间

(1)角色信息

左侧为企业名称、角色头像和相应的角色名称(这里可单击角色名称进行切换)。

(2)成员信息

单击"组成员",可以查看小组的信息。若其他成员已下班,但还有事项未完成,则可以通过该界面将其召回加班。

（3）系统当前时间

当天事情处理完毕可以下班，其余角色均下班后，财务总监可以控制系统进入下一天或者下几天。

二维码1-1：角色信息、成员信息、系统当前时间

2. 待办事项、审批单

（1）待办事项

待办事项是企业经营过程中待办理的事项，员工不必一有事项就即时处理（如款项支付事项）。当待办事项出现红色背景的"今日任务"字样时，必须当日处理完毕，否则系统无法进入下一天。

（2）审批单

审批单是企业经营过程中需要审批的单据。只有在单据审批后，相关业务才能继续执行。

二维码1-2：待办事项、审批单

3. 快速开始

系统会依据每个角色的不同操作需求，设置快速开始的访问入口，节约学生的操作时间。

二维码1-3：快速开始

4. 业务管理

（1）预算管理

预算委员会要求学生在每月3号前完成当月的预算数据填写，包括销售预算、生产预算、研发预算、直接材料采购预算等15张预算表格。

学生填制完预算表后在平台中进行实际业务的执行，系统根据学生的实际执行结果与预算结果进行对比分析。

(2)采购管理

学生可以在采购市场中购买或租赁房产、生产线及其他固定资产。

(3)生产管理

学生可以在生产期间管理生产线、产品和研发。

(4)销售管理

学生可以在销售市场中销售、查询产品信息、承接订单、发货、投放广告、出售或交换原材料。

(5)物资管理

学生可以在物资部查看公司的固定资产、存货的变动记录与实盘记录等详细信息。

(6)人力资源信息管理

学生可以在人力资源部查看我的员工和员工的流动记录,可以招聘员工、办理员工入职和办公场所内员工迁移。

二维码 1-4:业务管理

5. 信息管理

(1)财务共享服务中心

学生可以在财务共享服务中心进行合同管理、发票管理、报账审核、会计核算、税务管理和原始单据查询。

(2)基本信息

学生可以在基本信息中查看公司的基本资料、财务信息等资料。

(3)业务信息

学生可以在业务信息中查看业务相关的信息,如采购、生产、销售信息,原材料与产成品库存信息,企业或有事项、突发事件及员工信息。

(4)资产信息

学生可以在资产信息中查看企业的房产、车间、生产线、其他资产等信息。

二维码 1-5:信息管理

6. 外部机构

学生可以在外部机构中查看与企业经营相关的外部机构,同时可进行相应的业务操作。

二维码 1-6:外部机构

7. 其他菜单

其他菜单包括系统事项(可查看系统的事项内容)、成绩及排名(可查看学生成绩及相应的名次)、市场资讯(可查看市场大环境信息,帮助学生对企业未来的发展做出判断)等。

二维码 1-7:其他菜单

项目二 采购管理

【思政目标】
◇ 培养学生严肃认真、严谨细致的工作作风
◇ 培养学生诚实守信的社会主义核心价值观

【知识目标】
◇ 了解企业采购业务流程
◇ 熟悉采购环节决策点
◇ 熟悉采购岗位职责

【技能目标】
◇ 能够独立判断采购流程的决策点
◇ 能够做出最佳的采购决策

任务一　取得不动产

一、任务描述

(一)任务场景

不动产是指土地以及房屋、林木等地上定着物。不动产通常具有价值高、使用寿命长等特点,因此,对于企业来说,如何取得不动产是非常重要的决策点。

目前,不动产的取得方式多种多样,主要分为购买、租赁、置换及自建四类。购买又可以分为一次性购买和按揭购买。在一次性购买方式下,企业直接取得不动产的使用权和所有权。相比一次性购买,按揭购买的不动产的所有权归属情况就相对复杂了。与购买方式相比,采用租赁方式获取不动产相对容易些,租赁又可以分为经营租赁和融资租赁两种。在经营租赁方式下,承租方在约定期间内拥有不动产使用权;融资租赁则是承租方在一定期间使用不动产,租赁期间不动产所有权归属出租人,租赁期满所有权归属按合同确定。

本实训中涉及的不动产主要包括办公用房和厂房。

(二)任务布置

北京福兴电器有限公司董事会决定采购办公用房和厂房,房地产市场有办公用房和厂房类型若干。企业需要根据自身情况做出选择,房地产市场的办公用房和厂房信息见表 2-1 和表 2-2。

表 2-1　　　　　　　　　　办公用房信息

房产类型	面积(m^2)	购买价格(元)	租金(元/月)	供应商
办公用房 A	50	1 100 000	9 167	北京景深房地产有限公司
办公用房 B	100	2 200 000	18 333	北京华新房地产有限公司
办公用房 C	150	3 300 000	27 500	北京大德房地产有限公司
办公用房 D	200	4 400 000	36 667	北京贸发房地产有限公司
办公用房 E	300	6 600 000	55 000	北京贸发房地产有限公司

表 2-2　　　　　　　　　　厂房信息

房产类型	面积(m^2)	购买价格(元)	租金(元/月)	供应商
厂房 A	400	4 400 000	36 667	北京宏远地产股份有限公司
厂房 B	850	9 350 000	77 917	北京林海地产股份有限公司
厂房 C	1 250	13 750 000	114 583	北京腾达地产股份有限公司

说明:

(1)房产的取得主要有经营租赁、一次性购买、按揭购买三种方式,平台中的经营租赁业务租赁期为一年,采用押一付三的形式支付第一期租金,以后的租金按季度支付。

(2)房产购置在签订合同后生效。

(3)房产交易完成后,其可使用时间为交易次日。

(4)在办公用房达到可使用状态时,需为管理人员和销售人员办理员工入职。

要求:

按照之前的分组情况,学生在企业开始运营时购买或者租赁房产。

二、决策分析

(一)分析思路

在保证企业正常生产经营的基础上,结合成本效益原则,选择最佳的不动产取得方式。

(1)考虑各个不动产的面积。办公用房的面积决定了可以聘用的办公人员数量,厂房的面积决定了生产线的配备以及可以聘用的生产工人数量。

(2)考虑各个不动产的取得方式。不动产的取得价格有购买价格和租赁价格,通过比较购买与租赁产生的现金流以及对净利润造成的影响来判断选择以哪种方式取得不动产。

(二)决策要点

决策点1:办公用房取得方式的选择

不动产的取得方式主要有经营租赁、一次性购买、按揭购买三种方式。其中经营租赁是指在约定的期间内,出租人将资产使用权让与承租人以获取租金。按揭购买是指以按揭方式进行的一种贷款业务。例如,住房按揭贷款就是购房者以所购住房做抵押并由其所购买住房的房地产企业提供阶段性担保的个人住房贷款业务。平台中按揭贷款首付为资产总价的30%,按揭贷款利率随市场浮动。

在进行不动产选择时,需要考虑不同取得方式下对现金流以及净利润的影响。由于一次性购买会导致现金流量大量流出,不利于企业早期发展。因此,只讨论经营租赁和按揭贷款两种方式。此处以办公用房A为例,表2-3至表2-5为不同取得方式下对现金流及净利润的影响的比较。

其中,按揭贷款年利率为7.5%,手续费和保险费分别为2 310元和3 850元。

表2-3　　　　办公用房的取得对现金流的影响　　　　　　单位:元

项目	按揭1年	按揭2年	按揭3年	经营租赁
首付金额(付款金额)	336 160.00	336 160.00	336 160.00	—
前3个月支付现金	200 473.62	104 012.10	71 919.03	—
其中:利息支出	13 379.24	13 988.22	14 190.84	—
租金支付	—	—	—	36 668.00
现金流出合计	536 633.62	440 172.10	408 079.03	36 668.00

说明:

由于经营租赁采用的是押一付三方式,从表2-1中可以得出办公用房A租金为

9 167元/月,所以租金支付为9 167×4＝36 668元。

按揭贷款方式是等额本息,首付金额等于房产总价款的30%加上手续费和保险费,前3个月支付现金为3个月需要偿还的本息合计,利息支出为前3个月需要偿还的利息合计数。

在Excel中使用PMT公式可以计算出按揭期数分别为12期、24期、36期下的每月还款金额以及每期需要偿还的本金和利息。表2-4以按揭1年(12期)为例计算每期需要偿还的本金和利息,其他的按揭2年和按揭3年可以自行计算。

表2-4(1)　　　　　　　　按揭贷款1年的每期还款金额计算

项目	财务函数	值
住房按揭金额(元)	Pv	770 000.00
月利率	Rate	0.63%
还款期数(月)	Nper	12
每期还款(元)	Pmt	66 824.54

表2-4(2)　　　　　　　　还款计划表　　　　　　　　单位:元

期数	偿还本金	偿还利息	本息合计	贷款余额
1	61 973.54	4 851.00	66 824.54	708 026.46
2	62 363.98	4 460.56	66 824.54	645 662.48
3	62 756.87	4 067.67	66 824.54	582 905.61
4	63 152.23	3 672.31	66 824.54	519 753.38
5	63 550.10	3 274.44	66 824.54	456 203.28
6	63 950.46	2 874.08	66 824.54	392 252.82
7	64 353.35	2 471.19	66 824.54	327 899.47
8	64 758.78	2 065.76	66 824.54	263 140.69
9	65 166.76	1 657.78	66 824.54	197 973.93
10	65 577.31	1 247.23	66 824.54	132 396.62
11	65 990.44	834.10	66 824.54	66 406.18
12	66 406.18	418.36	66 824.54	0.00
合计	770 000.00	31 894.48	801 894.48	—

表2-5　　　　　　　　办公用房的取得对净利润的影响　　　　　　　　单位:元

项目	按揭1年	按揭2年	按揭3年	经营租赁
3个月租金	—	—	—	36 668
3个月折旧	9 218	9 218	9 218	—
3个月利息	13 379.24	13 988.22	14 190.84	—
影响利润总额	−22 597.24	−23 206.22	−23 408.84	−36 668
所得税因素	5 649.31	5 801.56	5 852.21	9 167
影响净利润	−16 947.93	−17 404.66	−17 556.63	−27 501.00

说明：

影响利润总额的因素为利息支出和折旧,利息支出数据可以参考表 2-3。

因为办公用房的租金和折旧可以进行抵税,所以需要考虑所得税因素。

温馨提示：

对于采用经营租赁方式取得的办公用房,可以选择提前退租,退租时押金不予退还。对于一次性付款方式取得的办公用房,可以选择出售。对于按揭购买方式取得的办公用房,在还款完成前不能选择出售。

决策点 2：厂房租赁方案的选择

厂房是用来放置生产线的,厂房面积由生产线数量决定,首先要根据生产线的数量确定可供选择的经营租赁方案,然后进行方案的比较,选出最优的方案。

平台中厂房全部面积必须大于或等于可容纳生产线面积总和,单条生产线的面积为 400 m^2,据此可以得到不同的经营租赁方案,具体方案见表 2-6。

表 2-6　　　　　　　　不同生产线下厂房经营租赁方案

生产线条数	生产线面积合计(m^2)	厂房面积要求(m^2)	经营租赁方案
1	400	≥400	1 厂房 A、1 厂房 B、1 厂房 C
2	800	≥800	2 厂房 A、1 厂房 B、1 厂房 C
3	1 200	≥1 200	3 厂房 A、1 厂房 A+1 厂房 B、1 厂房 C
4	1 600	≥1 600	4 厂房 A、1 厂房 A+1 厂房 C、2 厂房 B

假定生产线条数为 2 条,根据表 2-6 可以得出有 2 厂房 A、1 厂房 B 和 1 厂房 C 三种方案可供选择,表 2-7 为 2 厂房 A、1 厂房 B、1 厂房 C 三个方案对企业现金流的影响的比较。

表 2-7　　　　　不同厂房方案对企业现金流的比较　　　　　单位:元

项目	2 厂房 A	1 厂房 B	1 厂房 C
月租金	73 334	77 917	114 583
付现支出	293 336	311 668	458 332

说明：

厂房 A 租金 36 667 元/月,厂房 B 租金 77 917 元/月,厂房 C 租金 114 583 元/月。租赁期为 1 年,首次支付(1+3)个月租金,后面按季度支付租金(一季度一付)。

从表 2-7 中可以看出,若生产线条数为 2 条,则出于经济考虑,在满足生产前提的情况下选择租赁 2 厂房 A 是最优的方案,1 厂房 B 方案次优,1 厂房 C 方案最差。

(三)决策结论

从上述分析中可以得出,经营租赁办公用房 A 和经营租赁厂房 A 是最优的方案。

三、操作流程

(一)流程要点

(1)运营管理岗提出租赁办公用房及厂房方案,填写审批单,审批单提交财务总监岗进行审批。

(2)财务总监岗判断是否通过,若审批不通过,则运营管理岗需重新提交方案。

(3)财务总监岗通过方案后,运营管理岗到"审批单"执行租赁办公用房及厂房业务。

(4)成本管理岗对待办事项进行付款审批,超过 100 万元需要财务总监岗进行审批。

(5)资金管理岗执行付款操作。

(6)运营管理岗待货到确认收货。

(二)操作结果

以经营租赁(以下简称"租赁")1 个办公用房 A 为例,如图 2-1 所示。

房产信息	车间信息	生产线信息	生产状态	其他资产信息				
名称	类型	状态	面积	已用面积	可用面积	原价	折旧月份	净残比率	方式
办公用房A	办公场所	空闲	50.00	0	50.0				租赁

图 2-1 取得办公用房 A

二维码 2-1:取得办公用房

任务二 取得生产线

一、任务描述

(一)任务场景

工业制造企业的生产离不开生产线的运作,为企业配置产品生产准备的生产线是必不可少的,因此,生产线采购是采购管理的重要环节。在企业经营过程中,生产线的选择直接影响到工作效率,不同生产线给企业带来的效益是不一样的,不仅体现在成本支出,还会体现在企业的业务层面。

(二)任务布置

北京福兴电器有限公司决定生产消毒柜一批,当前交易市场中有两种消毒柜一生产线,根据以下信息进行决策,选择合适的生产线用于生产。生产线信息见表 2-8。

表 2-8　　　　　　　　　　　　生产线信息

生产线名称	使用面积	产能(个)	人数上限(人)	单位耗时(天·人/个)	废品率(%)	价格(元)	租金(元/月)
消毒柜－生产线 A 型	400	1 000	180	1.00	0.50	18 000 000	180 000
消毒柜－生产线 B 型	400	800	180	1.10	0.30	14 000 000	140 000

说明:

(1)单位耗时是指生产单位产品每人所需天数。

(2)生产工时的测算公式:

$$生产耗用实际工时 = 生产耗用标准工时 \div 实际生产人员数量$$

$$生产耗用标准工时 = 生产数量 \times 单位耗时$$

(3)表 2-8 中的产能指的是一个生产批次最多生产数量。

要求:

按照之前的分组情况,学生在企业开始运营时购买或者租赁生产线。

二、决策分析

(一)分析思路

在只采购 1 条消毒柜－生产线的情况下,采购消毒柜－生产线 A 型还是消毒柜－生产线 B 型用于生产,需要通过比较两种生产线的月生产单位产品成本来进行判断,可以按照如下步骤进行思考:

(1)确定消毒柜－生产线 A 型和消毒柜－生产线 B 型一个批次下的最大生产量分别是多少,即确定消毒柜－生产线 A 型和消毒柜－生产线 B 型满负荷生产量分别是多少。

(2)确定满负荷生产下两种生产线月最大人工费用是多少。

(3)确定满负荷生产下两种生产线的月生产成本,月生产成本包括月最大人工费用和生产线月租金。

(4)在满负荷生产前提下,确定两种生产线月单位产品成本。

(5)比较月单位产品成本,最终确定是选择消毒柜－生产线 A 型还是消毒柜－生产线 B 型。

(二)决策要点

决策点 1:确定每条生产线满负荷生产量

满负荷生产量就是为满足生产需要,投入最多的人生产最多数量的产品。在不考虑其他条件的情况下,选择满负荷生产可以最大限度地节约成本,但是满负荷生产会出现存货积压过多、储存成本大的问题。在企业经营过程中,满负荷生产还可能会造成机器损坏和加速折旧,平台中不考虑满负荷生产对机器的损耗和折旧影响。

平台中满负荷生产量即生产一批产品的最高产能,由表 2-8 得出消毒柜－生产线 A 型满负荷生产量为 1 000 个,消毒柜－生产线 B 型满负荷生产量为 800 个。

决策点 2:测算每条生产线月最大人工费用

生产部门包括生产人员和生产线管理人员,生产部门工资薪酬见表 2-9。由于生产线管理人员成本计入制造费用,在此处不予考虑,人工费用只需考虑生产人员的工资薪酬。

表 2-9　　　　　　　　　　　　生产部门工资薪酬表　　　　　　　　　　　　单位:元

人员类型	基本工资	工会经费	福利费	职工教育经费	社保（单位部分）	公司负担工资薪酬合计
生产人员	3 000	60	500	60	656	4 276
生产线管理人员	4 000	80	500	60	656	5 296

月最大人工费用即招聘人数为生产线最多人数上限时产生的费用,结合表 2-9 得出消毒柜－生产线 A 型和消毒柜－生产线 B 型月最大人工费用,见表 2-10。

表 2-10　　　　　　　　　　　　月最大人工费用

生产线	招聘人数（人）	生产人员月工资薪酬（元）	月最大人工费用（元）
消毒柜－生产线 A 型	180	4 276	769 680
消毒柜－生产线 B 型	180	4 276	769 680

决策点 3:测算每条生产线的月生产成本(月最大人工费用＋生产线月租金)

成本由固定成本和变动成本构成。固定成本也称"固定费用",是变动成本的对称。固定成本是指在一定范围内不随产品产量或商品流转量变动的那部分成本。固定成本大部分是间接成本,如企业管理人员的薪金和保险费、固定资产的折旧和维护费、办公费等。平台中生产线的租金就是固定成本。

进行生产线决策时需要考虑的成本为人工费用和生产线租金,其中生产线租金必须为不含税价格,生产线适用税率为 13%。此处的人工费用按照生产线的月最大人工费用计算,生产线租金按照生产线月租金计算,据此测算出不同生产线的月生产成本,具体见表 2-11。

表 2-11　　　　　　　　　　　不同生产线月生产成本　　　　　　　　　　　单位:元

生产线	月最大人工费用	生产线月租金	合计
消毒柜－生产线 A 型	769 680	159 292.04	928 972.04
消毒柜－生产线 B 型	769 680	123 893.81	893 573.81

说明:

生产线月租金需考虑不含税价格。

消毒柜－生产线 A 型月租金＝180 000/1.13＝159 292.04 元。

消毒柜－生产线 B 型月租金＝140 000/1.13＝123 893.81 元。

决策点 4：确定不同生产线的月单位产品成本

结合决策点 1、决策点 2、决策点 3，确定不同生产线在满负荷生产前提下的生产线月产量，月生产时间按照 30 天计算，不考虑废品率的因素，据此测算出不同生产线月单位产品成本，见表 2-12。

表 2-12　　　　　　　　　　不同生产线月单位产品成本

项目	消毒柜－生产线 A 型	消毒柜－生产线 B 型
月生产成本（元）	928 972.04	893 573.81
生产信息		
生产线产能（每个批次的最大产量）（个）	1 000	800
每人单位耗时（天）	1.0	1.1
人数上限（人）	180	180
每个批次生产时间（天）	5.56	4.89
每个月生产时间（天）	30	30
生产批次	5.4	6.13
月产量（个）	5 400	4 904
月单位产品成本（元/个）	172.03	182.21

注：每个批次生产时间＝生产线产能×单位耗时/人数上限；月产量＝生产线产能×生产批次

说明：

月生产成本数据见表 2-11。

消毒柜－生产线 A 型每个批次生产时间＝1 000×1.0/180＝5.56 天。

消毒柜－生产线 A 型月单位产品成本＝928 972.04/5 400＝172.03 元。

消毒柜－生产线 B 型每个批次生产时间＝800×1.1/180＝4.89 天。

消毒柜－生产线 B 型月单位产品成本＝893 573.81/4 904＝182.21 元。

决策点 5：比较月单位产品成本并选择生产线

消毒柜－生产线 A 型的月单位产品成本为 172.03 元，消毒柜－生产线 B 型的月单位产品成本为 182.21 元，因此，选择租赁消毒柜－生产线 A 型较为合适。

（三）决策结论

在只采购一条生产线的条件下，经过上述分析，选择租赁消毒柜－生产线 A 型是最优的。

三、操作流程

（一）流程要点

(1) 运营管理岗提出采购生产线方案，填写审批单，审批单提交财务总监岗进行

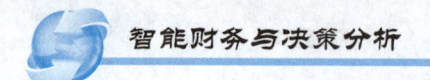

审批。

(2)财务总监岗判断是否通过,若审批不通过,则运营管理岗需重新提交方案。

(3)财务总监岗通过方案后,运营管理岗到"审批单"执行租赁生产线业务。

(4)财务经理对待办事项进行付款审批,超过100万元需要财务总监岗进行审批。

(5)资金管理岗执行付款操作。

(6)运营管理岗待货到确认收货。

(二)操作结果

租赁消毒柜—生产线A型的操作结果如图2-2所示。

厂房	生产线名称	产品	单位耗时	产能	废品率	占用面积(m²)	安装结束时间	当前状态
未入厂房	消毒柜-生产线A型	消毒柜	1.00	1000	0.50%	400.00	2021-10-06	空闲

图2-2　租赁消毒柜—生产线 A 型

二维码2-2:取得生产线

任务三　取得办公设备

一、任务描述

(一)任务场景

平台中的其他固定资产为办公设备,办公设备主要用于企业的办公经营,采购的办公设备主要包括复印机、打印机及笔记本电脑。

(二)任务布置

北京福兴电器有限公司成立初期需要采购办公设备一批,此为企业必办事项,具体采购清单如下:

(1)企业需要购买办公用复印机1台。

(2)企业需要购买办公用打印机1台。

(3)企业需要给管理部门人员配置笔记本电脑15台。

说明:

(1)购买办公设备以款项付清为任务完成的节点。

(2)办公设备不可出售。
(3)可以给办公设备进行资产管理编号。
(4)办公设备的采购必须在经营之初10日内完成。

二、决策分析

(一)分析思路

根据人员配置情况确定办公设备的购置数量,取得时要考虑其使用年限和折旧方法。

(二)决策要点

决策点:固定资产折旧

固定资产折旧方法主要有年限平均法、工作量法、双倍余额递减法和年数总和法,固定资产折旧方法一经确定,不得随意变更。平台中采取的折旧方法是年限平均法。

固定资产净残值是指固定资产使用期满后残余的价值减去应支付的固定资产清理费用后的那部分价值。

平台中的会计折旧年限与税法最低折旧年限一致,即房屋建筑物的折旧年限为20年,机器设备折旧年限为10年,电子设备折旧年限为3年。

(三)决策结论

购买办公用复印机1台;购买办公用打印机1台;给管理部门人员配置笔记本电脑15台。

三、操作流程

(一)流程要点

(1)运营管理岗提出采购办公设备方案,填写审批单,提交财务经理进行付款审批。
(2)成本管理岗对待办事项进行付款审批,超过100万元需要财务总监岗进行审批。
(3)资金管理岗执行付款操作。
(4)运营管理岗待货到确认收货。

(二)操作结果

购买办公用复印机1台;购买办公用打印机1台;给管理部门人员配置笔记本电脑15台。操作结果如图2-3、图2-4所示。

资产信息									×
房产信息 车间信息 生产线信息 生产状态 其他资产信息									
名称	类型	状态	占用面积	购买日期	原价	折旧月份	净残比率	方式	
复印机	办公用品	占用	0.00	2021-10-02	5008.00	36	0.00	购买	
打印机	办公用品	占用	0.00	2021-10-02	2893.00	36	0.00	购买	
笔记本电脑	办公用品	占用	0.00	2021-10-02	4159.00	36	0.00	购买	
笔记本电脑	办公用品	占用	0.00	2021-10-02	4159.00	36	0.00	购买	
笔记本电脑	办公用品	占用	0.00	2021-10-02	4159.00	36	0.00	购买	
笔记本电脑	办公用品	占用	0.00	2021-10-02	4159.00	36	0.00	购买	
笔记本电脑	办公用品	占用	0.00	2021-10-02	4159.00	36	0.00	购买	
笔记本电脑	办公用品	占用	0.00	2021-10-02	4159.00	36	0.00	购买	
笔记本电脑	办公用品	占用	0.00	2021-10-02	4159.00	36	0.00	购买	

< 1 2 > 每页10行/共17行，到第 2 页 确定

图 2-3　购买固定资产(1)

资产信息									×
房产信息 车间信息 生产线信息 生产状态 其他资产信息									
名称	类型	状态	占用面积	购买日期	原价	折旧月份	净残比率	方式	
笔记本电脑	办公用品	占用	0.00	2021-10-02	4159.00	36	0.00	购买	
笔记本电脑	办公用品	占用	0.00	2021-10-02	4159.00	36	0.00	购买	
笔记本电脑	办公用品	占用	0.00	2021-10-02	4159.00	36	0.00	购买	
笔记本电脑	办公用品	占用	0.00	2021-10-02	4159.00	36	0.00	购买	
笔记本电脑	办公用品	占用	0.00	2021-10-02	4159.00	36	0.00	购买	
笔记本电脑	办公用品	占用	0.00	2021-10-02	4159.00	36	0.00	购买	
笔记本电脑	办公用品	占用	0.00	2021-10-02	4159.00	36	0.00	购买	

< 1 2 > 每页10行/共17行，到第 2 页 确定

图 2-4　购买固定资产(2)

二维码 2-3：取得办公设备

任务四　采购原材料

一、任务描述

(一)任务场景

原材料采购是制造业企业中非常重要的一个环节,及时进行原材料采购以满足生产加工的需求,是企业生产活动得以正常运行的必要前提。降低原材料成本是制造业企业降低成本、提高经济效益的重要手段。这些都说明了原材料采购在采购管理中的重要性。

(二)任务布置

北京福兴电器有限公司计划采购生产冰箱、电热水器和消毒柜所需的原材料,原材料市场价格信息见表2-13。

表 2-13　　　　　　　　　原材料市场价格信息　　　　　　　　　单位:元

原材料	供应商名称	价格
冰箱压缩机	郑州天宇科技有限公司	922.31
	宁波创投科技有限公司	926.33
	宁波飞天科技有限公司	961.06
冰箱辅助材料	郑州黄河科技有限公司	726.81
	苏州启新科技有限公司	768.21
	郑州中原科技有限公司	782.41
电热水器加热材料	济南泉城科技有限公司	724.34
	武汉华兴电子电器有限公司	745.17
	武汉美德电子科技有限公司	784.29
电热水器辅助材料	济南华纳科技有限公司	577.22
	宁波诚创科技有限公司	618.48
	江西复兴电子电器有限公司	572.19
消毒柜箱体	北京芳华电子有限公司	367.96
	北京华城电子有限公司	362.50
	北京宝剑电子有限公司	383.73
消毒柜烘干装置	杭州格里电子有限公司	67.07
	杭州光复电子有限公司	64.08
	杭州大发电子有限公司	65.50
消毒柜辅助材料	杭州三五电子电器有限公司	51.33
	武汉德康电子有限公司	58.38
	武汉民众电子有限公司	48.26

二、决策分析

(一)分析思路

(1)确定经济采购批量。

(2)选择供应商时要考虑供应商的类型和每个供应商对应的原材料价格:供应商是小规模纳税人还是一般纳税人,会影响增值税的进项税额,原材料的价格会直接影响成本。

(3)根据企业的经营状况选择付款方式,不同的付款方式会直接影响企业现金流。

(4)测算原材料的入库成本并选择供应商。

(二)决策要点

决策点1:考虑原材料的经济采购批量

经济采购批量,也称最佳进货批量,是指在一定时期内进货总量不变的条件下,使采购费用和储存费用总和最小的采购批量。

(1)采购费用,是随采购次数变动而变动的费用,包括差旅费、业务费等。该费用与采购批量成反比,因为采购批量越大,采购次数越少,所以采购费用就越低。

(2)储存费用,是随储存量变动而变动的费用,包括仓储费、占用资金利息费用、商品损耗费用等。该费用与采购批量成正比,因为采购批量越大,平均储存量越大,所以储存费用就越高。

经济采购批量计算公式为

$$Q = \sqrt{\frac{2C_1 D}{C_2}}$$

Q——经济采购批量

D——一定时期内采购总量

C_1——每次采购费用

C_2——单位商品储存费用

假定一定时期内采购总量为6 000个,每次采购费用为6 300元,单位商品储存费用为12.5元。

代入公式求得

$$Q = \sqrt{\frac{2 \times 6\,300 \times 6\,000}{12.5}} = 2\,459(个)$$

决策点2:测算小规模纳税人和一般纳税人利润平衡点

小规模纳税人是指年销售额在规定标准以下(小于或等于500万元),并且会计核算不健全,不能按规定报送有关税务资料的增值税纳税人。会计核算不健全是指不能正确核算增值税的销项税额、进项税额和应纳税额。

一般纳税人是指年应征增值税销售额(以下简称年应税销售额,包括一个公历年度内的全部应税销售额)超过财政部规定的小规模纳税人标准的企业和企业性单位。一般纳税人的特点是增值税进项税额可以抵扣销项税额。

小规模纳税人和一般纳税人的主要区别见表2-14。

表2-14　　　　　　　　　小规模纳税人和一般纳税人主要区别

项目	一般纳税人	小规模纳税人
计税方法	一般计税方法	简易计税方法
税率与征收率	适用增值税税率	适用增值税征收率
纳税申报周期	按月申报	按季申报

在原材料采购过程中,判断选择一般纳税人供应商还是小规模纳税人供应商,可以先对商品进行利润无差别点的测算。测算过程如下:

例:一般纳税人的购货对象既可以是一般纳税人,又可以是小规模纳税人,需要在两者之间做出选择。本公司的城市维护建设税为7%,教育费附加为3%,所得税税率为25%。在什么情况下选择一般纳税人供应商或是小规模纳税人供应商对企业净利润的影响没有差别呢?

假定一般纳税人供应商商品不含税售价为S_1,增值税税率为13%,且可以开具增值税专用发票;小规模纳税人供应商商品售价为S_2,不能开具增值税专用发票。本公司商品不含税售价为S_0。分别计算从不同供应商采购对净利润的影响,不考虑其他成本费用。

从一般纳税人供应商采购的利润L_1:
$$L_1=[(S_0-S_1)-(S_0-S_1)\times 13\%\times(7\%+3\%)]\times(1-25\%)$$

从小规模纳税人供应商处采购的利润L_2:
$$L_2=[(S_0-S_2)-S_0\times 13\%\times(7\%+3\%)]\times(1-25\%)$$

令$L_1=L_2$,则计算出$S_1/S_2=1.0132$。

也就是说,当$S_1/S_2=1.0132$时,无论从一般纳税人供应商还是从小规模纳税人供应商采购货物,其净利润是一样的;当$S_1/S_2>1.0132$时,从小规模纳税人供应商采购,净利润比较大,应当选择小规模纳税人供应商;当$S_1/S_2<1.0132$时,从一般纳税人供应商采购,净利润比较大,应当选择一般纳税人供应商。

决策点3:根据企业的经营情况选择付款方式

原材料采购的合同中除了约定交货数量、交货时间和交货地点之外,还需要约定付款方式。平台中的付款方式有款到发货、货到付款两种方式,货到付款方式下又分为分期付款和一次性付款,企业需要结合自身的现金流以及采购需求选择合适的付款方式。表2-15为不同付款方式的比较。

表 2-15　　　　　　　　　　不同付款方式比较

付款方式	有利方	对信誉要求	是否有违约责任
款到发货	供应商	无要求	无
货到付款：分期付款	企业	信誉值>60 分	有
货到付款：一次性付款	企业	信誉值>60 分	有

决策点 4：测算原材料的入库成本并选择供应商

原材料的入库成本即原材料所有采购成本,原材料的采购成本是指企业物资从采购到入库前所发生的全部合理的、必要的支出,包括购买价款、相关税费(不包括准予抵扣的增值税进项税额)、运输费、装卸费、保险费以及其他可归属于采购成本的费用。平台中涉及的原材料采购成本主要为货款及运费。

根据表 2-13 中原材料消毒柜箱体的相关信息,测算在采购 2 000 件的情况下,从不同供应商购入的原材料入库成本。

表 2-16　　　　　　　　　　原材料入库成本测算

供应商	供应商信息	价格(元)	固定运费(元)	浮动运费(元/件)	采购数量(件)	入库成本(元)
北京芳华电子有限公司	一般纳税人	367.96	200	0.50	2 000	726 081.2
北京华城电子有限公司	小规模纳税人	362.50	200	0.50	2 000	715 325
北京宝创电子有限公司	一般纳税人	383.73	200	0.50	2 000	757 148.1

根据表 2-16 中的计算结果,可以看出在采购 2 000 件的情况下,从北京华城电子有限公司购入的原材料入库成本是最低的。

说明：

726 081.2＝367.96×2 000×(1－1.5%)＋200＋2 000×0.5

715 325＝362.50×2 000×(1－1.5%)＋200＋2 000×0.5

757 148.1＝383.73×2 000×(1－1.5%)＋200＋2 000×0.5

(三)决策结论

根据原材料入库成本的计算,应该从北京华城电子有限公司采购。

三、操作流程

(一)流程要点

采购原材料的付款方式有两种:款到发货和货到付款。

1. 款到发货的采购流程

(1)运营管理岗提出采购原材料方案,填写审批单,审批单提交财务总监岗进行审批。

(2)财务总监岗判断是否通过,若审批不通过,则运营管理岗需重新提交方案。

(3)财务总监岗通过方案后,运营管理岗到"审批单"执行采购原材料业务。

(4)成本管理岗对待办事项选择是否进行付款审批,超过100万元需要财务总监岗进行审批。

(5)付款审批通过后,资金管理岗执行付款操作。

(6)运营管理岗待货到确认收货。

2.货到付款的采购流程

(1)运营管理岗提出采购原材料方案,填写审批单,审批单提交财务总监岗进行审批。

(2)财务总监岗判断是否通过,若审批不通过,则运营管理岗需重新提交方案。

(3)财务总监岗通过方案后,运营管理岗到"审批单"执行采购原材料业务。

(4)运营管理岗待货到确认收货。

(5)财务经理对待办事项选择是否进行付款审批,超过100万元需要财务总监岗进行审批。

(6)付款审批通过后,资金管理岗执行付款操作。

(二)操作结果

从北京华城电子有限公司采购2 000件消毒柜箱体,操作结果如图2-5所示。

图2-5 采购消毒柜箱体

二维码2-4:采购原材料

项目三
生产管理

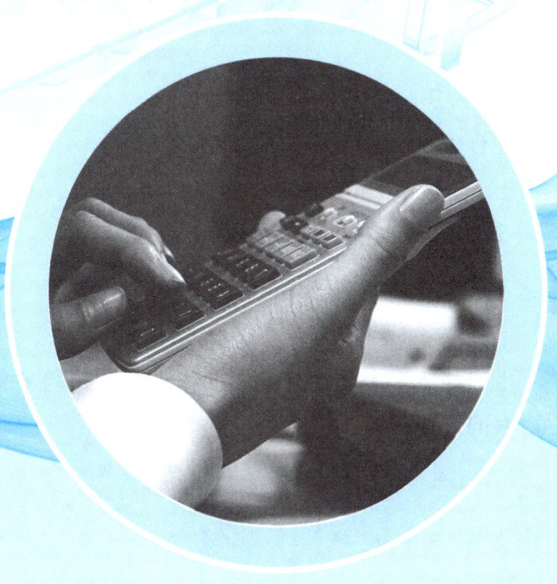

【思政目标】
◇ 培养学生精益求精的工匠精神
◇ 培养学生爱岗敬业的社会主义核心价值观

【学习目标】
◇ 了解企业生产业务流程
◇ 熟悉生产环节决策点
◇ 熟悉生产岗位职责

【技能目标】
◇ 熟悉各岗位在企业生产业务流程中的操作
◇ 能够做出最佳的生产决策

任务一　生产准备

一、任务描述

(一)任务场景

制造业企业在生产前需要进行相应的准备工作,包括物料准备、生产线安装以及人员招聘等工作。

(二)任务布置

进行生产线安装与招聘人员的工作。

二、决策分析

(一)分析思路

生产线安装要考虑厂房的面积,人员招聘要综合考虑厂房的大小、产能和人员工资等因素的影响。

(二)决策要点

决策点1:生产线安装

生产线安装是生产前要进行的一项重要准备工作。为保证新购置的生产线顺利运行,需要对生产线进行安装调试。在新购置的生产线验收入库之后,需要将生产设备移入对应的厂房,并且进行安装操作。生产线安装周期为10天,安装调试期间不得进行生产操作,生产线安装完毕后才能开始生产。

决策点2:人员招聘

平台中的企业下设管理部、销售部、生产部及研发部。管理部有管理人员5名,主要负责企业日常的行政办公。销售部有销售人员10名,主要负责产品销售任务。生产部包括生产线管理人员和生产人员,根据企业经营情况,为每条生产线配备生产线管理人员5名。研发部主要负责产品的论证、开发、设计并组织实施相应研发计划。管理人员、销售人员及生产线管理人员系统自动配置,无须招聘,生产人员和研发人员则需要在人才市场进行招聘。

招聘生产人员需要根据企业规模确定具体招聘人数,北京福兴电器有限公司可以招聘的生产人员上限为600人(不包括系统配备的管理人员和销售人员及生产线管理人员),生产人员和研发人员招聘后可以解聘,解聘需要额外支付一个月的工资作为补偿金。

三、操作流程

(一)流程要点

1. 生产线流程

(1)运营管理岗将生产线移入厂房。

(2)运营管理岗进行安装确认工作。

2. 招聘人员流程

(1)运营管理岗进行人员招聘。

(2)财务总监岗对招聘人员进行审批。

(3)运营管理岗对招聘人员进行确认。

(二)操作结果

以将3条生产线分别安装到3个厂房为例,安装信息如图3-1所示。

厂房	生产线名称	产品	单位耗时	产能	废品率	占用面积(m²)	安装结束时间	当前状态
厂房A(剩余面积0.0)	电热水器生产线B型	电热水器	1.00	1000	0.30%	400.00	2021-10-12	空闲
厂房A(剩余面积0.0)	冰箱生产线B型	冰箱	1.20	1000	0.30%	400.00	2021-10-12	空闲
厂房A(剩余面积0.0)	消毒柜生产线A型	消毒柜	1.00	1000	0.50%	400.00	2021-10-12	空闲

图 3-1　生产线信息

二维码 3-1:安装生产线

以招聘539名生产人员为例,招聘结果如图3-2所示。

序号	员工部门	员工类型	工资	当前人数	操作
1	生产部	生产人员	3000.00	539	

图 3-2　人员招聘信息

二维码 3-2:招聘人员

任务二 生产产品

一、任务描述

(一)任务场景

制造企业生产形式多种多样,按照生产运作类型可以分为标准化生产和定制型生产;按照产品工艺特点可以分为流程式生产、离散式生产、凝固式生产;按照用户需求可以分为存货式生产和订货式生产。

制造企业的生产环节至关重要,生产过程就是原料投入至成品产出的整个加工制造环节。根据生产任务需求确定生产什么,生产多少,何时开工和完工,然后组织相应的人力进行生产制造。生产过程中需合理运用人力,积极调动员工生产积极性,以确保完成生产计划。

(二)任务布置

市场上有三种产品供企业生产选择,产品及其生产线信息见表3-1至表3-3,请你帮助企业选取生产的产品并制订经营期的生产计划。

表3-1 消毒柜及其生产线信息

产品名称	消毒柜
产品材料构成	1件消毒柜箱体、1件消毒柜烘干装置、1件消毒柜辅助材料
生产线类型	消毒柜-生产线A型、消毒柜-生产线B型
生产线A型信息	产能:1 000件;人数上限:180人;单位耗时:1.00天;废品率:0.50%;月租金:180 000元
生产线B型信息	产能:800件;人数上限:180人;单位耗时:1.10天;废品率:0.30%;月租金:140 000元

表3-2 冰箱及其生产线信息

产品名称	冰箱
产品材料构成	1件冰箱压缩机、1件冰箱辅助材料
生产线类型	冰箱-生产线A型、冰箱-生产线B型
生产线A型信息	产能:900件;人数上限:210人;单位耗时:1.40天;废品率:0.50%;月租金:200 000元
生产线B型信息	产能:1 000件;人数上限:190人;单位耗时:1.20天;废品率:0.30%;月租金:240 000元

表 3-3　　　　　　　　　　　　电热水器及其生产线信息

产品名称	电热水器
产品材料构成	1件电热水器辅助材料、1件电热水器加热材料
生产线类型	电热水器－生产线A型、电热水器－生产线B型
生产线A型信息	产能:900件;人数上限:200人;单位耗时:1.20天;废品率:0.50%;月租金:140 000元
生产线B型信息	产能:1 000件;人数上限:200人;单位耗时:1.00天;废品率:0.30%;月租金:200 000元

说明:

由于生产是一次性投入的,生产一旦开始就不得中止,生产过程中不能追加材料和人工投入,生产线只有处于空闲状态后才能再进行产品生产操作。

二、决策分析

(一)分析思路

在生产经营过程中,企业需要从战略层面做好生产规划,首先考虑需要生产的产品,然后需结合企业的生产能力以及资金状况来确定合理的生产方法与指导生产,据此进行生产计划的编制。确定生产计划安排后需要预估产品生产成本,并且根据实际情况对生产计划进行调整。此外,企业在进行生产经营决策过程中可借助本量利分析等方法辅助生产决策。

(二)决策要点

决策点1:选择生产产品

企业经营初期选择哪种产品生产,可以通过比较产品毛利的方法来确定。根据表3-4所列市场信息,可以测算出产品的毛利率,见表3-5。

表 3-4　　　　　　　　　　　　市场信息　　　　　　　　　　　　单位:元

产品	成本构成		
消毒柜	消毒柜箱体	消毒柜烘干装置	消毒柜辅助材料
	356.53	65.58	55.33
冰箱	冰箱压缩机	冰箱辅助材料	—
	930.81	752.06	—
电热水器	电热水器辅助材料	电热水器加热装置	—
	541.60	712.03	—

消毒柜价格:823.11元;冰箱价格:2 410.90元;电热水器价格:1 859.64元。

表 3-5　　　　　　　　　　　　　　　产品成本预测　　　　　　　　　　　　　　单位:元

	消毒柜	冰箱	电热水器
售价	823.11	2 410.90	1 859.64
材料成本	477.44	1 682.87	1 253.63
毛利	345.67	728.03	606.01
毛利率	42.00%	30.20%	32.59%

说明：

材料成本来自表 3-4,毛利率＝毛利÷售价×100％

企业在生产过程中的固定成本主要包括生产线租金、房屋租金、生产线管理人员工资，可以据此分析不同产品在不同生产线的固定成本，见表 3-6。

表 3-6　　　　　　　　　　　　　　不同产品固定成本

项目	消毒柜		冰箱		电热水器	
	生产线 A 型	生产线 B 型	生产线 A 型	生产线 B 型	生产线 A 型	生产线 B 型
生产线管理人员工资	26 480.00	26 480.00	26 480.00	26 480.00	26 480.00	26 480.00
生产线租金	180 000.00	140 000.00	200 000.00	240 000.00	140 000.00	200 000.00
其中:生产线租金成本	165 137.61	128 440.37	183 486.24	220 183.49	128 440.37	183 486.24
进项税额	14 862.39	11 559.63	16 513.76	19 816.51	11 559.63	16 513.76
厂房月租金	67 278.90	67 278.90	67 278.90	67 278.90	67 278.90	67 278.90
其他	—	—	—	—	—	—
合计	258 896.51	222 199.27	277 245.14	313 942.39	222 199.27	277 245.14

说明：

(1)合计数＝生产线管理人员工资＋生产线租金成本＋厂房月租金

(2)生产线管理人员薪酬构成:基本工资 4 000 元,工会经费 80 元,福利费 500 元,职工教育经费 60 元,社保单位部分 656 元,工资合计 5 296 元。

(3)生产线租金金额来自表 3-1～表 3-3。

(4)厂房含税租金为 36 667 元,租用 2 个月 A 厂房,故不含税价＝2×36 667÷1.09＝67 278.90 元。

结合表 3-5、表 3-6,可以看出毛利率:消毒柜＞电热水器＞冰箱。固定成本综合比较:消毒柜＜电热水器＜冰箱。因此,在进行产品选择时,可以优先选择生产消毒柜。

决策点 2:考虑生产方法

企业经营过程中的生产方法主要有以产定销和以销定产两种。以产定销就是先确定生产计划,然后根据生产计划执行销售计划;以销定产则是根据市场需求来确定企业的生产计划。表 3-7 为两种方式的优缺点比较。

表 3-7　　　　　　　　　　　　以产定销和以销定产比较

项目	以产定销	以销定产
优点	无须考虑市场情况,生产简单	以市场为中心,适应新经济发展需要,为大多数企业采用
缺点	1. 忽略市场,盲目生产,追求产量,往往出现供过于求现象; 2. 容易造成企业资金链短缺,加大企业运营管理的风险	不适用于所有行业,需要考虑的内容复杂,隐性成本高

平台中采用两种方法相结合的生产方法。企业经营初期,可以采取以产定销的生产方法,企业可以据此制定生产预算,然后根据市场情况对生产计划进行调整。

决策点 3：制订生产预算计划

企业可以通过预算管理制订生产计划,也可以编制生产计划产能表。编制生产计划产能表是一种较为简单有效的制订生产计划的办法。生产计划产能表的编制,不仅能够让生产人员知悉未来的计划,确定生产批次及产量,还能根据生产计划进行实时调整,进而做到知己知彼。

下面以生产消毒柜－生产线 A 型产品为例,制订 10－12 月生产计划。

按照生产线最大生产能力来确定消毒柜各月的生产产能,即连续生产下的产品生产计划,具体见表 3-8。

表 3-8　　　　　　　消毒柜－生产线 A 型 10－12 月生产计划产能表

项目	10 月	11 月	12 月
生产天数(天)	20	30	31
最大人工投入(人)	180	180	180
单个批次最大产量(件)	1 000	1 000	1 000
天最大产量(件)	180	180	180
月最大产能(件)	3 600	5 400	5 580

说明：

(1)此处采用的是最大产能的生产计划安排,即投入最大人工情况下的生产计划,消毒柜－生产线 A 型容纳人数上限为 180 人。

(2)生产线安装时间为 10 天,最早于 10 月 12 日开始生产,所以 10 月生产天数为 20 天。

(3)天最大产量＝最大人工投入×单位耗时＝180×1.0＝180 件。

根据表 3-1 可以确定连续生产方案下 10 月每一批次的具体生产日期,具体生产信息见表 3-9。

表 3-9　　　　　　　　　　　　具体生产信息

产品	生产线	废品率	生产数量(件)	生产人员数量(人)	开始生产日期	结束生产日期
消毒柜	消毒柜－生产线 A 型	0.5%	1 000	180	20201012	20201017
			1 000	180	20201018	20201023
			1 000	180	20201024	20201029
			360	180	20201030	20201031

上述内容是以最大生产能力为前提制订的生产计划,企业还可以结合实际市场需求自行编制生产预算。

决策点 4：根据生产计划产能表预估材料投入成本及人工投入成本

根据表 3-8 可以知道 10—12 月各月生产消毒柜－生产线 A 型需要的材料投入数量及生产人员投入人数,据此可以确定材料投入成本及人工投入成本。以 11 月生产计划为例,具体材料投入成本及人工投入成本见表 3-10 和表 3-11。

表 3-10　　　　　预计 11 月生产消毒柜－生产线 A 型材料投入成本　　　　　单位：元

生产数量(件)	5 400
单位材料成本构成	
消毒柜箱体	356.53
消毒柜烘干装置	65.58
消毒柜辅助材料	55.33
单位材料成本合计	477.44
材料投入成本	2 578 176.00

说明：

消毒柜箱体、消毒柜烘干装置、消毒柜辅助材料价格来源于系统数据,见表 3-4,仅作为教学参考使用。

表 3-11　　　　　预计 11 月生产消毒柜－生产线 A 型人工投入成本　　　　　单位：元

生产人员工资明细				
基本工资：3 000 元	工会经费：60 元	福利费：500 元	职工教育经费：60 元	社保单位部分：656 元
公司支付薪酬合计	4 276			
投入人员数量(人)	180			
人工投入成本合计	769 680			

说明：

人工投入成本合计＝4 276×180＝769 680 元。

决策点 5：结合市场信息进行生产计划调整

平台中的产品销售是按照订单进行的,订单每天都有,并且订单价格随市场波动,企业在制订生产计划后可以根据市场订单情况来灵活调整生产计划,可以选择先生产再承接订单或者先承接订单再生产,最终目的是最大化地保证企业生产的产品都能够销售出去。

假定企业10月承接的全部订单见表3-12。

表3-12　　　　　　　　　　　　　企业10月承接订单

序号	合同名称	合同数量(件)	合同类型
1	消毒柜200-01	200	普通合同
2	消毒柜800-01	800	普通合同
3	消毒柜500-01	500	普通合同
4	消毒柜800-02	800	普通合同
5	消毒柜200-02	200	普通合同
6	消毒柜600-01	600	普通合同

企业10月消毒柜—生产线A型订单数量为3 100件,小于月最大产能3 600件,企业需要根据市场情况,考虑当前市场是否饱和,然后考虑是否在后期适当停产、扩大生产规模或者继续维持目前的生产计划。

决策点6:进行本量利相关分析

除根据市场情况外,企业还可以通过本量利分析来辅助生产相关决策。

本量利分析是对成本、业务量、利润三者之间相互关系进行分析的简称,它在成本按习性分类的基础上,对成本、业务量、利润三者之间的依存关系进行分析。确定盈亏临界点,是本量利分析的关键。本量利分析的基本公式如下:

利润＝销售收入－变动成本总额－固定成本总额
　　＝单价×销售量－单位变动成本×销售量－固定成本总额

假定企业10月生产的3 600件产品全部销售出去,产品的平均销售单价为823.11元/件,单位产品材料成本为477.44元/件,全部固定成本为258 896.51元,变动制造费用为417 292.41元(包含水电费、低值易耗品)。

可以测算出10月生产3 600件产品的直接材料为1 718 784元,直接人工为496 567.74元,根据信息计算出相关数据,见表3-13。

表3-13　　　　　　　　　　　　　本量利分析表　　　　　　　　　　　　单位:元

	消毒柜
销售收入	2 963 196.00
变动成本	2 632 644.15
固定成本	258 896.51
边际贡献	330 551.85
边际贡献率	11.155 247 6%
保本点销售额	2 320 849.52

说明：

(1) 销售收入＝823.11×3 600＝2 963 196.00 元

(2) 直接材料＝477.44×3 600＝1 718 784 元

　　直接人工＝4 276×180÷31×20＝496 567.74 元

(3) 变动成本＝直接材料＋直接人工＋变动制造费用

　　　　　＝1 718 784＋496 567.74＋417 292.41＝2 632 644.15 元

(4) 边际贡献率＝(销售收入－变动成本)/销售收入

　　　　　　＝(2 963 196－2 632 644.15)÷2 963 196＝11.155 247 6％

保本点销售额＝固定成本/边际贡献率

　　　　　　＝258 869.51÷11.155 247 6％＝2 320 849.52 元

由表 3-13 可知，10 月企业销售消毒柜－生产线 A 型的销售收入是 2 963 196.00 元，保本点销售额是 2 320 849.52 元，由此可以判断企业销售额达到保本点的要求。

(三) 决策结论

以 10 月的消毒柜－生产线 A 型为例，应该承接 10 月所有的订单，生产消毒柜－生产线 A 型共 3 100 件。

三、操作流程

(一) 流程要点

(1) 运营管理岗提出生产计划，填写审批单，审批单提交财务总监岗进行审批。

(2) 财务总监岗判断是否通过，若审批不通过，则运营管理岗需重新提交方案。

(3) 财务总监岗通过方案后，运营管理岗到"审批单"执行生产产品操作。

(二) 操作结果

以生产消毒柜、电热水器、冰箱为例，结果如图 3-3 所示。

产品编号	产品名称	批次号	生产线	废品率	生产数量	生产人员数	开始日期	结束日期	已生产天数	剩余天数	产成品比例
XDG	消毒柜	XDG-20211012-001	消毒柜生产线A型	0.50%	1000	167	2021-10-12	2021-10-18	6	0	100%
DRSQ	电热水器	DRSQ-20211012-001	电热水器生产线B型	0.30%	1000	200	2021-10-12	2021-10-17	5	0	100%
BX	冰箱	BX-20211012-001	冰箱生产线B型	0.30%	1000	172	2021-10-12	2021-10-19	7	0	100%

图 3-3　生产产品

二维码 3-3：生产产品

任务三　投入研发

一、任务描述

(一)任务场景

研发即研究和开发,指通过一定手段和知识技术对产品性能、服务等方面进行开发升级。研发活动实质上是一种创新活动,可以提升产品竞争力,为企业创造一定的利润空间。

研发投入分为研究阶段和开发阶段。研究阶段是探索性的阶级,为进一步的开发活动进行资料及相关方面的准备;开发阶段是形成阶段性成果的阶段,最终的结果是形成无形资产。

平台中的研发活动可以帮助提升产品的质量,从而带动产品价格的提高,给企业的产品价格带来一定的优势。

(二)任务布置

企业管理层决定对产品进行研发投入,从而提升产品的竞争力,请思考应该对哪种产品进行研发投入,研发投入是否能为企业带来经济效益。

二、决策分析

(一)分析思路

考虑是否进行研发投入,首先要了解影响研发投入的因素,预估研发投入的成本,判断研发投入是否可执行。确定研发投入后需要考虑对哪些产品进行研发及选择投入研发阶段,同时还需要考虑研发投入能给企业带来的税收优惠及相关政策。

(二)决策要点

决策点1:预估研发投入的成本

研发投入的成本主要包括两个方面:直接材料和直接人工。直接材料指的是为产品研发而投入的生产材料,直接人工指的是为产品研发而投入的人工费用。一般来说,投入直接材料比投入直接人工更能促进产品研发活动。研发主要分为四个阶段:研究调研阶段,开发一级阶段,开发二级阶段,开发三级阶段。不同阶段要求分别投入费用500 000元、1 000 000元、2 000 000元、3 000 000元。研发投入在研究调研阶段之前应该费用化,计入管理费用,在研究调研阶段之后应该资本化。

以消毒柜产品为例,根据市场材料价格信息,考虑在只投入原材料的情况下达到不同阶段所需原材料数量,具体见表3-14。

表3-14 　　　　　不同阶段消毒柜产品所需原材料数量　　　　　单位:套

项目	研究调研阶段	开发一级阶段	开发二级阶段	开发三级阶段
消毒柜原材料所需数量	≥1 048	≥2 095	≥4 190	≥6 284

消毒柜箱体成本:356.53元;消毒柜烘干装置成本:65.58元;消毒柜辅助材料成本:55.33元

说明:

消毒柜箱体成本、消毒柜烘干装置成本、消毒柜辅助材料成本来源于系统数据,仅作为教学参考使用。

研究调研阶段:500 000/(356.53+65.58+55.33)=1 047.25套

开发一级阶段:1 000 000/(356.53+65.58+55.33)=2 094.50套

开发二级阶段:2 000 000/(356.53+65.58+55.33)=4 189.01套

开发三级阶段:3 000 000/(356.53+65.58+55.33)=6 283.51套

决策点2:选择投入的产品

若进行研发投入,则需要考虑对哪些产品进行研发投入。如果企业生产的有三种产品,那么企业需要对不同产品的研发投入所带来的利润的影响进行测算,结合自身的销售政策来分析对哪一种或多种产品投入最有利。下面以达到研究调研阶段为例,对比三种产品在不同销售数量下对利润的影响,具体见表3-15和表3-16。

表3-15 　　　　　　　研究调研阶段产品价格加成

项目	消毒柜	冰箱	电热水器
产品市场价格(元)	1 438.89	2 170.49	1 838.55
研究阶段价格加成比例		1%	
研究阶段价格加成(元)	14.39	21.70	18.39

说明:

14.39=1 438.89×1%;21.70=2 170.49×1%;18.39=1 838.55×1%。

表3-16 　　　　　研究调研阶段对不同产品利润的影响　　　　　单位:元

数量(件)	消毒柜	冰箱	电热水器
1 000	14 390	21 700	18 390
2 000	28 780	43 400	36 780
5 000	71 950	108 500	91 950
10 000	143 900	217 000	183 900

说明:

消毒柜数据为14.39乘以对应数量,冰箱数据为21.70乘以对应数量,电热水器数据为18.39乘以对应数量。

决策点3:选择投入研发阶段

确定投入研发阶段后,企业可以分阶段对产品投入,也可以选择一次性投入,不同阶段对产品价格加成影响是不同的,研究调研阶段、开发一级阶段、开发二级阶段、开发三级阶段的价格加成分别是1%、2%、3%、4%。

以消毒柜产品为例,分析当消毒柜市场价格为1 438.89元、销售数量为10 000件时不同阶段投入对利润的影响,见表3-17。

表3-17　　　　　　　　　　不同阶段投入对消毒柜利润的影响

项目	研究调研	开发一级	开发二级	开发三级
价格加成影响比例	1%	2%	3%	4%
价格加成对利润影响(元)	143 889	287 778	431 667	575 556
计入费用金额(元)	500 000	0	0	0
累计影响利润金额(元)	－356 111	－68 333	363 334	938 890

说明:

(1)价格加成对利润影响＝数量(10 000)×市场价格(1 438.89)×加成比例

(2)累计影响利润金额＝累计价格加成对利润影响－计入费用金额(500 000)

决策点4:考虑税收加计扣除折旧带来的经济效益

企业开展研发活动中实际发生的研发费用,未形成无形资产计入当期损益的,在按规定据实扣除的基础上,在2018年1月1日至2020年12月31日期间,再按照实际发生额的75%在税前加计扣除;形成无形资产的,在上述期间按照无形资产成本的175%在税前摊销。

决策点5:考虑高新技术企业认定带来的税收优惠

高新技术企业可以享受以下税收优惠政策:

(1)减按15%税率征收企业所得税。

(2)技术转让所得企业所得税减免。

(3)延长亏损结转年限。

(4)研发费用加计扣除。

(5)固定资产加速折旧。

(6)个人所得税分期缴纳。

平台中当企业达到开发三级阶段时,即形成无形资产阶段,企业可以申请专利技术。但税法规定企业在经营第一年不能申请高新技术企业认定,因此企业将无法申请高新技术企业认定。

三、操作流程

(一)流程要点

(1)运营管理岗确定研发投入材料和人员数量,填写审批单,审批单提交财务总监岗

进行审批。

(2)财务总监岗判断是否通过,若审批不通过,则运营管理岗需重新提交方案。

(3)财务总监岗通过方案后,运营管理岗到"审批单"执行研发投入操作。

(二)操作结果

以投入1件消毒柜的材料进行研发为例,结果如图3-4所示。

序号	产品名称	当前研发级别	投放研发人员数量	累计投入研发费用	研发效果	操作
1	电热水器	未到达	0	0.00	研发效果查询	
2	冰箱	未到达	0	0.00	研发效果查询	
3	消毒柜	未到达	0	456.47	研发效果查询	终止研发

每月的15号之前才能投入研发,每月的20号之后才能终止研发
研发一旦中止,当年度不能再次投入。研发项目已经完成并形成无形资产的,不需继续投入。

序号	产品	日期	内容	金额	操作
1	消毒柜	2021-10-09	投入原材料配比1件,人员0人	456.47	查看领料单

图 3-4　投入研发

二维码 3-4：投入研发

项目四
销售管理

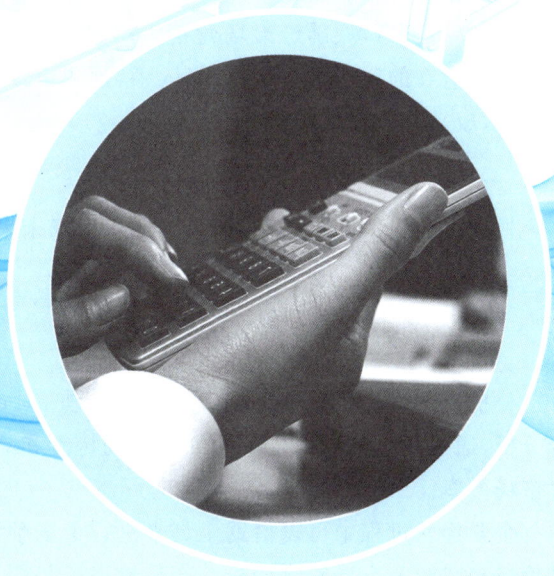

【思政目标】
　　◇ 培养学生尽心尽力、尽职尽责的敬业精神
　　◇ 培养学生自由平等的社会主义核心价值观

【知识目标】
　　◇ 掌握市场预测和分析要点
　　◇ 了解承接订单的营销策略
　　◇ 掌握交换存货和销售原材料的处理方法

【技能目标】
　　◇ 能够做出市场预测和分析
　　◇ 能够独立判断承接订单的决策点
　　◇ 能够承担销售环节各项职责

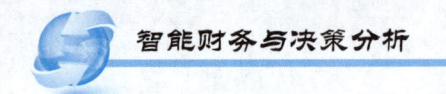

任务一　预测市场

一、任务描述

（一）任务场景

企业营销是企业制定并执行营销战略的过程，市场营销战略步骤主要包括分析市场机会、选择目标市场、确定市场营销策略、市场营销活动管理。知市场方知销售，企业必须先分析潜在的市场机会，从市场入手，预测市场中存在的机遇，然后充分结合自身的优势，最后成功地占据市场份额。

（二）任务布置

根据平台提供的市场资讯，预测分析市场未来变化。

二、决策分析

分析市场需要企业对市场做充分的调查，对市场结构、市场营销内外部环境进行综合分析，通过调查分析确定不同细分市场特点和需求趋势，并结合企业自身因素，确定最优市场方案。

企业经营过程中可以借助工具来进行市场预测和分析，平台中的分析工具主要有产品价格趋势图及市场资讯分析。产品价格趋势图反映了产品历史价格，通过历史价格走势可以预估产品未来一段时间的走势，以此帮助企业预测在哪段时间市场为高价，帮助企业尽量在高价承接订单，具体产品价格走势如图 4-1 所示。

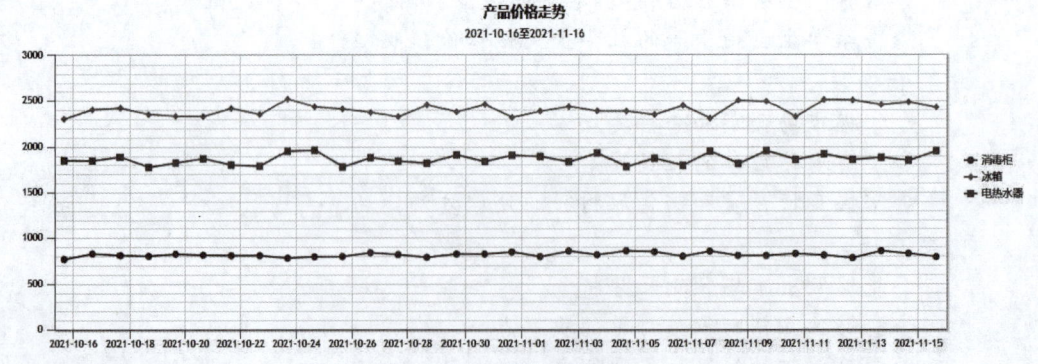

图 4-1　产品价格走势

三、操作流程

通过市场资讯分析金融证券市场和产品市场信息。市场资讯主要是外部宏观环境对市场的影响。借助市场资讯，如 CPI 指数、GDP 增速等指标，可以预估国家经济大盘走势。总体经济势必影响行业经济，如果宏观环境不乐观，那么对家电产品的影响大概率是负面的，未来一段时期产品价格可能不太乐观，具体市场资讯如图 4-2 所示。

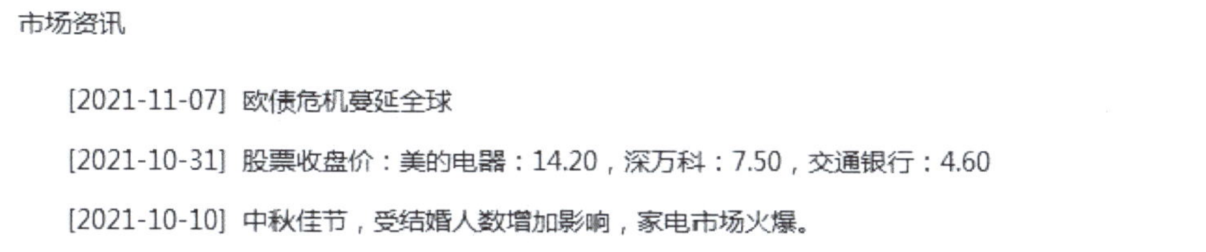

市场资讯

[2021-11-07] 欧债危机蔓延全球

[2021-10-31] 股票收盘价：美的电器：14.20，深万科：7.50，交通银行：4.60

[2021-10-10] 中秋佳节，受结婚人数增加影响，家电市场火爆。

图 4-2　市场资讯

任务二　承接订单

一、任务描述

（一）任务场景

营销活动作为企业营销战略的最后一环，其结果直接影响企业的经营发展，而决定营销活动结果的则是订单的执行。订单执行得好，通常说明企业的营销活动是成功的。

产品销售是企业营利的重要环节，企业通过销售来实现收入和回收现金。平台中产品销售主要体现为承接订单。订单的价格和订单的数量影响销售目标的完成情况。

（二）任务布置

北京福兴电器有限公司主要销售的产品是消毒柜、冰箱和电热水器，主要任务是针对消毒柜产品制定相应的营销策略以承接最优订单。

二、决策分析

（一）分析思路

企业处在多变的市场环境中，市场价格每天都在变化，企业首先需要做的事情是考虑订单价格，争取在订单最高点承接订单。承接订单时还需要考虑市场情况，考虑是否需要利用广告手段来提高市场需求。此外，承接订单时还需要考虑对客户的选择以及信

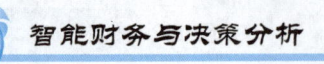

用政策等因素对企业的影响。

(二) 决策要点

决策点 1：考虑产品价格

企业需要考虑产品价格对于产品边际贡献的影响，同时需要判断订单的最佳承接时间点，尽量保证在产品高价点承接订单。

边际贡献指的是销售收入减去变动成本后的差额，常常被人们称作毛利，它是企业扣除自身变动成本以后为企业所做的贡献，平台中通常用售价减去材料成本的金额来指代边际贡献，可以据此分析产品价格的提升对于边际贡献影响的大小。

根据市场信息，得知电热水器的价格区间是 1 600—2 000 元，材料成本为 1 366.7 元，分别取最低值、中间值、最高值来进行比较，具体结果见表 4-1。

表 4-1　　　　　　　　　　　售价对边际贡献的影响　　　　　　　　　　　单位：元

项目	最低值	中间值	最高值
预计单位售价	1 600.00	1 800.00	2 000.00
预计单位材料成本	1 366.70	1 366.70	1 366.70
预计单位边际贡献	233.30	433.30	633.30
预计边际贡献率	14.58％	24.07％	31.67％

由表 4-1 可以看出产品价格差距越大，对边际贡献率影响越大，最终对企业的利润影响也越大，由此可以看出高价承接订单的重要性。

决策点 2：考虑是否投入广告

广告作为企业营销的重要手段之一，广告活动能否帮助企业实现产品销售以及经济上的效益是广告是否发挥作用的重要体现。

广告投放首先需要考虑投放金额，其次预估投入广告后市场份额的增加量，即投放广告后企业能够多承接的订单有多少，同时评估广告投入带来的经济效益是多少。市场广告要求见表 4-2。

表 4-2　　　　　　　　　　　市场广告要求

产品	市场级别	市场类型	市场范围	营销费用（元）
冰箱	一级市场	国内初级市场	一类低级	0—600 000
冰箱	二级市场	国内初级市场	一类高级	600 000—1 600 000
冰箱	三级市场	国内中级市场	二类	1 600 000—2 600 000
冰箱	四级市场	国内高级市场	三类	＞2 600 000
消毒柜	一级市场	国内初级市场	一类低级	0—350 000

(续表)

产品	市场级别	市场类型	市场范围	营销费用(元)
消毒柜	二级市场	国内初级市场	一类高级	350 000—850 000
消毒柜	三级市场	国内中级市场	二类	850 000—1 350 000
消毒柜	四级市场	国内高级市场	三类	>1 350 000
电热水器	一级市场	国内初级市场	一类低级	0—700 000
电热水器	二级市场	国内初级市场	一类高级	700 000—1 600 000
电热水器	三级市场	国内中级市场	二类	1 600 000—2 600 000
电热水器	四级市场	国内高级市场	三类	>2 600 000

分析广告带来的经济效益,以电热水器产品广告投入达到一类高级市场为例,根据统计数据可以得到企业在一类高级市场上多承接的订单,见表4-3。

表 4-3　　　　　　　　　　电热水器一类高级市场订单

序号	合同名称	合同数量(件)	合同类型
1	电热水器订单600—01	600	普通合同
2	电热水器订单600—02	600	普通合同
3	电热水器订单600—03	600	普通合同

根据表4-3所示,投放广告后一类高级市场能够多承接的订单数量为1 800件,根据市场信息得知产品订单平均价格为1 958.80元,产品成本为1 366.70元,此处成本只考虑材料成本,对广告经济效益进行分析,分析结果见表4-4。

表 4-4　　　　　　　　　　广告经济效益分析

金额	消毒柜
广告费投入(元)	700 000.00
其中:广告费用(元)	660 377.36
进项税额(元)	39 622.64
新增订单数量(件)	1 800.00
预计订单售价(元/件)	1 958.80
预计产品成本(元/件)	1 366.70
预计单位利润(元/件)	592.10
预计新增订单利润(元)	1 065 780.00
新增利润—广告费投入(元)	365 780.00

当预估的经济效益大于0时,在不考虑其他因素的情况下,投入广告是有效果的。通过表4-4可以知道,在广告投入到一类高级市场后,电热水器所带来的预估经济效益是365 780元,说明广告投入带来的是正的经济效益,可以考虑投放广告。

决策点3：考虑订单信息对企业的影响

在承接订单时需要考虑订单信息，订单信息主要包括供应商、收款方式、订单价格等要素，不同要素对订单影响不同，收款方式影响收账期，订单价格直接影响产品利润，具体订单信息如图4-3所示。

图4-3 订单信息

订单承接完成后即完成合同签订，以订单承接日作为合同签订日期，合同内容主要包括合同甲、乙双方的权利和义务，产品销售数量及订单、产品结算方式、违约责任、附则，具体合同样式如图4-4所示。

除供应商以及市场价格外，企业还需要考虑信用政策对销售的影响。企业可以通过信用政策来控制应收账款的水平和质量，信用政策主要包括信用标准、信用期间、现金折扣三部分内容。平台中的信用政策主要体现为应收账期，应收账期分为一次性收款、首七余三、首六余四三种。应收账期的选择会影响企业收款，预计应收账期对企业收款的影响，具体见表4-5。

表4-5　　　　　　　　　　　　不同收款方式下影响

项目	一次性收款	首七余三	首六余四
预计销售数量（件）	2 000	2 000	2 000
预计销售单价（元/件）	1 900	1 900	1 900
预计销售金额（元）	3 800 000	3 800 000	3 800 000
预计回款率	100%	70%	60%
预计本期现金流入（元）	3 800 000	2 660 000	2 280 000
预计下月回款（元）	0	1 140 000	1 520 000

产品销售合同

甲方（供方）：**北京福兴电器有限公司**　　乙方（需方）：**天津住友电器批发有限公司**

地址：**北京市朝阳区兴风路14号**　　地址：**天津市红桥区复兴路88号**

电话：**010-82980920**　　电话：**022-89755665**

甲、乙双方经友好协商，以自愿、平等互利为原则，根据《中华人民共和国合同法》，双方达成如下协议：

一、甲、乙双方的权利和义务

1、甲方是 **电热水器** 产品的供应商，乙方是经销商。

2、产品的型号由订单、收货单确定，最终以收货单为准。

3、运输及运费计算：运费由乙方承担并支付相应的费用。

二、产品销售数量及订单

序号	产品名称	单位	数量	单价	金额
1	电热水器	件	800	1958.80	1567040.00
合计：					

增值税额：**203715.20**　　（税率 **13%** ）

总金额：**1770755.20**　　（含税）

三、产品结算方式

1、款到发货

乙方在合同签订后_____日内付款，甲方在收到货款后必须在_____年____月____日之前发货，超过发货时间_____天后视为违约处理。

2、货到付款

1）一次性付款

甲方必须在乙方订单要求的日期内发货，即在 **2021** 年 **10** 月 **28** 日之前发货，超过发货时间 **20** 天后视为违约处理。乙方在收到货并验收合格后， **5** 日内一次性付给甲方全部货款。

2）分期付款

甲方必须在乙方订单要求的日期内发货，即在_____年____月____日之前发货，超过发货时间_____天后视为违约处理。乙方在收到货并验收合格后，分期付款：

第一期，_____日内付全部货款的_____，即_____元，第二期，_____日内付全部货款的_____，即_____元。

四、违约责任：

1、甲方未按合同约定的时间内发货。

图 4-4　产品销售合同

2、乙方未按合同约定的时间内付款。

3、违约金为合同总金额(不含税)的 **30.00%** 。

五、附则

1、本协议在履行过程中,如发生争议,双方友好协商解决,如协商不成,由当地法院裁决。

2、本协议一式两份,双方各执一份,签名盖章后即生效。

甲方: 北京福兴电器有限公司　　　　乙方: 天津住友电器批发有限公司

法人代表: 徐元军　　　　　　　　　法人代表: xx

签约日期: 20211023　　　　　　　　签约日期: 20211023

续图 4-4　产品销售合同

应收账期直接影响企业当期现金流,因此在进行订单选择的时候最好能够选择一次性收款的订单。

温馨提示:销售合同审批流程

销售合同审批流程主要包括:①根据客户资料草拟销售合同。②销售部评审—分管领导审核—总经理批准。③签订销售合同。④客户提交产品订单。⑤完成订单交付。⑥客户支付货款。⑦确认客户货款到账。

决策点 4:注意收入确认时点

收入准则规定当企业与客户之间的合同同时满足下列条件时,企业应当在客户取得相关商品控制权时确认收入:

(1)合同各方已批准该合同并承诺将履行各自义务。

(2)该合同明确了合同各方与所转让商品或提供劳务(以下简称"转让商品")相关的权利和义务。

(3)该合同有明确的与所转让商品相关的支付条款。

(4)该合同具有商业实质,即履行该合同将改变企业未来现金流量的风险、时间分布或金额。

(5)企业因向客户转让商品而有权取得的对价很可能被收回。

平台中对收入采用的是权责发生制,商品销售一旦满足上述 5 个条件就将其确认为收入。

（三）决策结论

根据上述分析，需要综合考虑产品订单价格，争取在价格最高点承接订单。承接订单时还需要根据市场情况，判断是否需要广告手段来提高市场需求。此外，承接订单时还需要考虑对客户的选择以及信用政策等因素对企业的影响。

三、操作流程

（一）流程要点

（1）运营管理岗选择相应的订单，填写审批单，审批单提交财务总监进行审批。
（2）财务总监岗判断是否通过，若审批不通过，则运营管理岗需重新提交方案。
（3）财务总监岗通过方案后，运营管理岗到"审批单"执行订单承接操作。
（4）运营管理岗发货后，资金管理岗等待确认收款。

（二）操作结果

在销售管理中承接订单，根据企业自身情况选择承接订单（图4-5）、签订合同（图4-6）。

图4-5 承接订单

图 4-6　签订合同

二维码 4-1：承接订单　　　二维码 4-2：投放广告

任务三　交换存货

一、任务描述

(一)任务场景

非货币性资产交换是指交易双方主要以存货、固定资产、无形资产和长期股权投资等非货币性资产进行的交换。该交换不涉及或只涉及少量的货币性资产。对于非货币性资产交换在同时满足两个条件时，以公允价值确认计量：一是该项交换具有商业实质；二是换入资产或换出资产的公允价值能够可靠计量。交换存货属于非货币性资产交换中的一类业务。

(二)任务布置

交换存货属于特殊事项，使用本平台交换存货，并且考虑需要注意的事项。

二、决策分析

(一)分析思路

平台中的非货币性资产交换采取以存货来交换原材料的方式,交换过程中差额比例限制为5%。平台易货的目的主要有以下几个方面:

(1)产品生产原材料不足、急需原材料时,可以选择用其他库存商品来交换所需原材料,保证生产顺利进行。

(2)资金不足时,将通过易货换入的原材料进行出售以获取现金。

(3)进行投资,企业预期持有的库存商品未来市场价值偏低,原材料价格会持续上涨,选择换入原材料并持有增值。

(二)决策要点

决策点:存货交换注意事项

以消毒柜交换为例,企业准备将其生产的100件消毒柜用于交换(需考虑最低库存下限,平台最低库存下限为10件),单位产品不含税价格为754.89元/件,市场上可供交换的原材料信息见表4-6。

表4-6　　　　　　　　　　原材料信息

材料	供应商	供应商性质	价格(元)
电暖气辅助材料	济南华纳科技有限公司	一般纳税人	599.50
	江西复兴电子电器有限公司	一般纳税人	560.10
	宁波诚创科技有限公司	一般纳税人	583.11
电热水器加热材料	武汉美德电子科技有限公司	一般纳税人	750.39
	武汉华兴电子电器有限公司	一般纳税人	790.63
	济南泉城科技有限公司	小规模纳税人	734.38
冰箱压缩机辅助材料	郑州黄河科技有限公司	小规模纳税人	792.66
	苏州启新科技有限公司	一般纳税人	812.04
	郑州中原科技有限公司	一般纳税人	823.14
冰箱压缩机	宁波飞天科技有限公司	一般纳税人	937.36
	郑州天宇科技有限公司	一般纳税人	1 025.83
	宁波创投科技有限公司	小规模纳税人	920.87

(三)决策结论

以利润不高的消毒柜产品交换电热水器加热材料,选取武汉美德电子科技有限公司

进行交换。交换消毒柜的市场价值为 85 302.57 元(含税价),交换的数量为 100 件,电热水器材料的市场价值为 84 794.07 元(含税价),交换的数量为 100 件。为此,企业需要收取货款差额 508.5 元。

说明:

85 302.57＝754.89×100×1.13;84 794.07＝750.39×100×1.13。

三、操作流程

(一)流程要点

(1)运营管理岗选择易货产品及交换原材料数量,填写审批单,审批单提交财务总监岗进行审批。

(2)财务总监岗判断是否通过,若审批不通过,则运营管理岗需重新提交方案。

(3)财务总监岗通过方案后,运营管理岗到"审批单"执行易货操作业务。

(4)资金管理岗在"待办事项"进行补价的收付。

(二)操作结果

在系统中把消毒柜置换成所需要的电热水器加热材料(图 4-7)。

图 4-7 交换原材料

任务四　销售原材料

一、任务描述

(一)任务场景

企业销售原材料属于存货处置业务。企业的存货可根据企业经营的需要通过对外投资、捐赠、非货币性资产交换等方式处置。企业在生产过程或提供劳务过程中耗用原材料和辅料,出售的原材料大多为残、次、冷、背的材料。处置时,对原材料的处置方式、处置价格及处置价款的收回等要制订处置方案,并严格执行相关内部控制制度。

(二)任务布置

销售原材料属于特殊事项,销售原材料并考虑需要注意的事项。

二、决策分析

(一)分析思路

平台中销售原材料一般有两个目的:一是在资金短缺时通过销售原材料来补充现金,避免破产风险;二是进行存货管理,当企业库存原材料过多时往往会造成存货周转率下降,此时可以通过出售一定量的原材料来维持企业的存货周转率。

在销售原材料时,要注意安全库存的要求,系统中对原材料的库存要求是10件,因此在进行销售原材料操作时,要考虑这个要求。同时,在销售原材料过程中需要考虑原材料的市场价格,由于销售原材料是折价进行销售的,所以在销售时还需要考虑原材料的成本,考虑销售原材料对企业利润的影响。

(二)决策要点

决策点:销售原材料注意事项。

以销售电热水器加热材料为例,企业当前库存电热水器加热材料数量为1 010件,全部出售(需考虑最低库存下限,平台最低库存下限为10件),原材料的取得成本为490.11元,目前市场上可供出售的客户信息见表4-7。

表 4-7　　　　　　　　　　　　　　电热水器客户信息

客户名称	客户性质	价格（元）
北京华城电子科技有限公司	一般纳税人	479.51
武汉美德电子科技有限公司	一般纳税人	487.75
北京芳华电子科技有限公司	一般纳税人	485.07

选择市场价格最高的武汉美德电子科技有限公司出售原材料，据此分析销售原材料对企业利润的影响，分析见表 4-8。

表 4-8　　　　　　　　　　　销售原材料对企业利润的影响

项目	电热水器加热材料
销售数量（件）	1 000
销售价格（元/件）	487.75
销售收入（元）	487 750.00
原材料成本（元）	490 110.00
现金增加（元）	551 157.50
利润（销售收入－原材料成本）（元）	－2 360.00

说明：

原材料成本＝490.11×1 000＝490 110 元；现金增加＝487 750×1.13＝551 157.5 元。

（三）决策结论

由表 4-8 可以看出，销售原材料的利润为－2 360 元，企业增加现金 551 157.5 元，销售原材料虽可以给企业带来现金流入，但是从盈利情况看是亏损的。由于原材料是折价销售，所以建议一般情形下不要销售原材料，除非现金紧缺或者原材料库存过多。

三、操作流程

（一）流程要点

(1)运营管理岗选择出售的原材料及数量，填写审批单，审批单提交财务总监岗进行审批。

(2)财务总监岗判断是否通过，若审批不通过，则运营管理岗需重新提交方案。

(3)财务总监岗通过方案后，运营管理岗到"审批单"执行销售原材料业务。

(4)资金管理岗在"待办事项"中确认收款。

（二）操作结果

出售原材料填写的出售单如图 4-8 所示。

图 4-8　出售原材料

项目五
资金管理

【思政目标】
◇ 培养学生忠于职守、严谨细致的工作作风
◇ 培养学生公正、法治的社会主义核心价值观

【知识目标】
◇ 预测资金需要量
◇ 了解短期借款
◇ 熟悉利息费用和借款时间
◇ 分析股票收益率

【技能目标】
◇ 能够独立判断融资借款决策点
◇ 能够熟悉股票业务操作

任务一　融资借款

一、任务描述

(一)任务场景

企业融资是企业通过一定的融资方式在资金市场上为企业筹集资金并将资金进行有效运用的一种行为。资金筹集是企业资金运动的起点,企业的生存和发展离不开资金的支持,资金为企业的投资经营提供了有利的支持。因此,企业融资是企业经营发展的一项重要内容。

企业融资的方式通常分为负债融资和股权融资。负债融资指企业向银行或非银行金融机构借款、到期偿还资金的融资方式,负债主要包括银行借款、应付债券、应付票据等。负债融资往往会存在一定的偿还风险,但也可以带来财务杠杆利益。股权融资指企业通过吸收直接投资、发行股票等筹集并长期拥有、可以自主支配使用资的金融资方式,股权主要包括实收资本、资本公积、盈余公积和未分配利润。股权融资相较负债融资更为安全,筹集资金更加灵活。

平台中涉及的融资管理主要是负债融资中的短期借款。

(二)任务布置

北京福兴电器有限公司决定进行债权融资,结合企业经营过程需要,分析是否融资及融资金额。

二、决策分析

(一)分析思路

平台中的融资方式为短期借款,当进行融资决策时,首先需要考虑资金需求,然后考虑自身的贷款额度,借款之前还要考虑短期借款的利息费用及借款时间,借款之后在条件允许的情况下还可以考虑是否提前还款。

(二)决策要点

决策点1:考虑资金需求

根据企业经营规划预估企业未来所需资金,判断企业股东投入的实收资本是否能够支持企业运转,同时结合企业经营规划考虑是否需要进行融资。

企业当月的资金预算见表5-1。

表 5-1　　　　　　　　　　　资金预算表　　　　　　　　　单位:元

项目	金额
初始资金	5 000 000.00
预计当月取得收入	3 467 782.00
预计收入回款金额(收款比例80%)	2 774 225.60
预计现金支出	8 209 917.01
其中:材料采购	5 649 216.00
职工薪酬	855 200.00
制造费用	617 292.41
期间费用	650 000.00
增值税、税金及附加	181 856.60
所得税	0.00
资产购置、租赁支出	256 352.00
现金余缺	－435 691.41

根据资金预算表,可以推断企业当前预计资金缺口是 435 691.41 元,不考虑其他情况,企业需要进行融资并且融资的金额必须大于或等于 435 691.41 元。

决策点 2:考虑贷款额度

贷款额度决定了企业能够从银行借款的数量。企业贷款额度受两大要素影响:企业注册资本及企业的信誉。注册资本即企业初始投资资金 500 万元,企业的信誉反映在平台中则是信誉值。信誉值对贷款额度的影响有两方面:(1)信誉值高低决定企业贷款额度高低;(2)信誉值低于 80 分的企业将无法进行短期借款。

企业贷款额度可以分为企业的总体贷款额度以及当前可用的贷款额度,企业总体贷款额度和当前可用贷款额度公式为

企业总体贷款额度＝企业实收资本×信誉值比例

信誉值比例＝信誉值÷100

企业当前可用贷款额度＝企业总贷款额度－目前占用额度

例:北京福兴电器有限公司当前的信誉值为 98 分,那么企业目前的贷款额度＝5 000 000×98/100＝4 900 000 元。

温馨提示:企业信誉值

平台中企业初始信誉值为 100 分,原材料采购、产品销售违约情况都会影响企业的信誉值,并且供应商、客户的信誉值也会影响企业的经营。

决策点 3:考虑利息费用和借款时间

从资本市场上得知短期借款的年利率为 7%,融资发生的费用为 100 元,计算借款月利率＝7%/12＝5.83‰。企业在融资 50 万元借款的情况下,借款月利息费用＝500 000

×5.83‰＝2 915元。平台中短期借款每月支付一次利息,企业必须按期支付利息,不允许延期支付。

借款时间一方面要考虑企业资金具体需求及用途,另一方面要考虑借款到期后的还本负担。具体的借款时间适用情况分析见表5-2。

表5-2　　　　　　　　　　借款时间适用情况分析

项目	适用情况
借款时间短	企业预计资金需求少,借款金额较少,一般小于100万元
借款时间长	(1)企业借款金额大,一般大于100万元; (2)短期内没有足够的资金来偿还借款

平台中企业的经营期限为3个月,截止经营期到1月4日,短期借款最长期限为12个月,由于企业可以选择提前还款,所以一般在不考虑借款时间的情况下可以选择12个月。但是在操作过程中,若贷款金额较高,则最好不要选择太短的借款时间,否则可能会出现借款到期时没有足够资金偿还的情况。

决策点4:考虑还款时间

对于短期借款,企业可以选择提前还款,还款时间可以从以下几方面进行考虑:

(1)企业短期偿债能力。一定的负债虽然可以发挥财务杠杆作用,但会影响企业的流动比率及资产负债率。流动比率过高,表明一部分资金滞留在流动资产上,影响了企业的获利能力;资产负债率过高,表明企业面临的财务风险相对较高。短期借款作为负债的重要组成部分,其金额大小直接影响着企业的短期偿债能力。

(2)企业当期现金流情况。从企业的现金流入以及现金毛利率出发,考虑企业当前的经营活动现金流是否能够支持企业经营。若可使用的现金流过多,出现闲置资金无法利用的情况,则企业在保证现金使用的情况下可以考虑将资金进行投资或者用于偿还贷款。

企业2021年12月报表数据见表5-3和表5-4,据此对其财务状况进行简要分析。

表5-3　　　　　　　　　　12月资产负债表　　　　　　　　　　单位:元

项目	期末余额	项目	期末余额
货币资金	14 038 014.83	短期借款	500 000.00
应收账款	4 354 760.10	应付账款	14 274 750.18
预付款项	1 296 119.40	应付职工薪酬	2 599 625.82
存货	9 332 412.50	应交税费	1 142 096.85
其他流动资产	0.00	流动负债合计	18 516 472.85
流动资产合计	29 021 306.83	预计负债	1 171 134.51
固定资产	72 960.41	负债合计	19 687 607.36
无形资产	0.00	实收资本	5 000 000.00
开发支出	0.00	未分配利润	4 406 659.88
非流动资产合计	72 960.41	所有者权益合计	9 406 659.88
资产总计	29 094 267.24	负债及所有者权益合计	29 094 267.24

表 5-4　　　　　　　　　　12月经营活动现金流量表　　　　　　　　　单位：元

项目	金额
经营活动产生的现金流量：	
销售商品、提供劳务收到的现金	30 389 922.80
收到的税费返还	0.00
收到的其他与经营活动有关的现金	0.00
经营活动现金流入小计	30 389 922.80
购买商品、接受劳务支付的现金	26 532 886.70
支付给职工以及为职工支付的现金	2 615 958.82
支付的各项税费	21 978.53
支付其他与经营活动有关的现金	506 587.30
经营活动现金流出小计	29 677 411.35
经营活动产生的现金流量净额	712 511.45

从资产负债表中可以看出企业当月是有短期借款的，根据数据得知企业的流动比率为1.57(29 021 306.83/18 516 472.85)，资产负债率为0.68(19 687 607.36/29 094 267.24)。

剔除短期借款后，企业的流动比率为1.58[(29 021 306.83－500 000)/(19 687 607.36－500 000)]，资产负债率为0.67[(19 687 607.36－500 000)/(29 094 267.24－500 000)]。企业的经营活动产生的现金流量净额为712 511.45元。

(三)决策结论

现金流量净额高于企业的短期借款表示企业有能力偿还借款。若偿还短期借款，则企业的资产负债率将由0.68降为0.67，企业可以考虑在12月份偿还短期借款。

三、操作流程

(一)流程要点

(1)财务经理岗提出短期借款申请，提交财务总监岗审批。
(2)财务总监岗判断是否通过，若审批不通过，则财务经理岗需重新提交方案。
(3)财务总监岗通过方案后，财务经理岗到"审批单"进行确认执行。
(4)短期借款到账后资金管理岗在"待办事项"中确认收款。

(二)操作结果

向银行借入短期借款，如图5-1所示。

图 5-1 短期借款

二维码 5-1：短期借款

任务二 投资股票

一、任务描述

(一)任务场景

购买股票按投资的性质划分,属于权益性投资。权益性投资(股权投资)是指通过投资拥有被投资单位的股权,按所持股份比例享有权益并承担责任。为适应竞争环境和发展模式的变化,很多企业从经营战略出发,为达到资源整合、增强竞争力等目的选择权益性投资。购买股票只是权益性投资的一种方式,企业通常会结合自身的发展战略及经营需要进行股票的选择,并适时进行投资组合的管理,以期获得投资收益或其他经济利益。

(二)任务布置

股票交易市场上有三只股票,2021年10月2日的市场信息见表5-5,请帮助企业进行择股。

表 5-5　　　　　　　　　　　　　　　股票信息

股票名称	股票当日价格	股票信息
交通银行	5.50 元/股	每股净资产:3.82 元,每股收益:0.56 元,每股现金流:—1.03 元,总股本:618.90 亿元
深万科	8.00 元/股	每股净资产:3.66 元,每股收益:0.3 元,每股现金流:—0.11 元,总股本:109 亿元
美的电器	16.40 元/股	每股净资产:3.84 元,每股收益:0.84 元,每股现金流:2.79 元,总股本:31.2 亿元

二、决策分析

(一)分析思路

市场上给出的股票信息有每股净资产、每股收益、每股现金流及总股本。每股净资产反映每股股票代表的公司净资产价值,是支撑股票市场价格的重要基础;每股收益反映企业的经营成果;每股现金流反映企业经营流入的现金多少;总股本指新股发行前的股份和新发行的股份数量的总和。

投资者在进行择股时还需要考虑股票未来是否可以给企业带来收益,企业未来收益主要考核股票持有期收益率,股票持有期收益率又可以简化为买卖差价与股票买入价格的比率。若预期未来股票价格上升,给投资者带来正收益,则投资者可以考虑继续持有股票或者见好就收;若预期未来股票价格下降,给投资者带来负收益,则投资者可以考虑是否抛售股票以止损。

(二)决策要点

决策点:考虑个股信息及未来股票收益率

从表 5-5 股票信息可以看出,美的电器的每股净资产、每股收益、每股现金流在三只股票中占优,投资者在进行择股时可以优先考虑美的电器,但是也需要考虑到美的电器的股票发行价格比交通银行和深万科要高出许多,在购买股票时要结合企业现金流进行考虑。

例:北京福兴电器有限公司在 11 月 2 日各买入交通银行、深万科、美的电器 100 股,在 12 月 31 日交通银行、深万科、美的电器三只股票的市场价格分别为 6.0 元、7.8 元、16.6 元,三只股票持有期间收益率计算见表 5-6。

表 5-6　　　　　　　　　　　持有期间收益率计算表

股票名称	买入价格(元/股)	卖出价格(元/股)	持有期间收益率
交通银行	5.5	6.0	9.09%
深万科	8.0	7.8	−2.5%
美的电器	16.4	16.6	1.22%

说明:

数据来源于系统,仅供教学参考使用。

$9.09\% = (6.0 - 5.5)/5.5 \times 100\%$
$-2.5\% = (7.8 - 8.0)/8.0 \times 100\%$
$1.22\% = (16.6 - 16.4)/16.4 \times 100\%$

(三)决策结论

从案例给出的数据可以看出,交通银行和美的电器的持有期间收益率为正,而深万科的持有期间收益率为负,结合11月2日的购入成本,如果出售,那么可以优先出售深万科这只股票。

三、操作流程

(一)流程要点

(1)财务经理岗提出股票买卖申请,提交财务总监岗审批。

(2)财务总监岗判断是否通过,若审批岗不通过,则财务经理岗需重新提交方案。

(3)财务总监岗通过方案后,财务经理岗到"审批单"进行执行交易。

(4)若是购买股票,则资金管理岗在"待办事项"中进行付款确认,然后财务经理岗在"待办事项"中进行成交确认;若是出售股票,则财务经理岗在"待办事项"中进行成交确认,然后资金管理岗在"待办事项"中进行收款确认。

(二)操作结果

在交易所中进行金融资产交易,如图5-2所示。

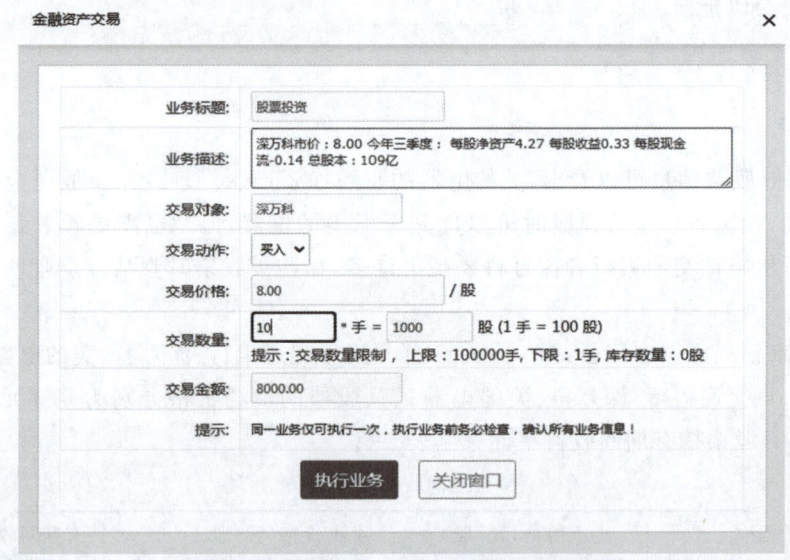

图 5-2　购买股票

二维码 5-2:买入股票　　二维码 5-3:卖出股票

项目六
财务共享服务中心

【思政目标】
◇ 培养学生法治意识,增强社会责任感
◇ 培养学生爱岗敬业、诚实守信的社会主义核心价值观

【知识目标】
◇ 了解会计业务准备流程
◇ 熟悉典型会计业务处理
◇ 熟悉财务报表的编制
◇ 熟悉平台纳税申报流程

【技能目标】
◇ 能够熟练运用财务共享服务中心
◇ 能够进行典型会计业务处理
◇ 能够完成各类税费的纳税申报

任务一　认知政策

一、任务描述

(一)任务场景

北京福兴电器有限公司是工业制造企业,以生产、销售冰箱产品为主营业务,是增值税一般纳税人。根据《中华人民共和国会计法》《企业会计准则》《企业财务通则》《内部会计控制规范》及有关财经、税收法规制度,加强企业会计核算和内部会计监督,提高企业信息质量,保护资产的安全完整,确保有关法律法规和规章制度的贯彻执行,落实相关会计核算政策。

(二)任务布置

根据企业性质分析企业可能涉及的经济业务,熟悉不同经济业务对应的会计政策。

二、决策分析

企业在经济业务核算中应根据企业的性质和经济业务的特点进行核算,平台中的企业重点关注下列三种业务:
(1)存货的计价方法。
(2)完工产品和在产品成本计算的方法。
(3)期末处理的特殊规定。

三、操作流程

1. 存货采购成本的构成

(1)购买价款

购买价款是指企业购入材料的发票账单上列明的价款,但不包括按照规定可以抵扣的增值税进项税额。

(2)运杂费

运杂费是指材料在采购过程中发生的运输费、包装费、装卸费、仓储费、保险费等。

(3)运输途中的合理损耗

运输途中的合理损耗是指材料在运输过程中,因材料性质、自然条件及技术设备等因素,所发生的自然的或不可避免的损耗。例如,煤炭、沙石等在运输过程中自然散落以及乙醇、汽油等易挥发产品在运输过程中自然挥发。

(4)入库前的挑选整理费用

入库前的挑选整理费用是指购入材料在入库前需要挑选整理而发生的费用,包括挑选过程中所发生的工资、费用支出和必要的损耗。

(5)相关税费

相关税费是指购买材料发生的进口关税、消费税、资源税和不能抵扣的增值税进项税额等应计入材料采购成本的税费。

采购人员所发生的差旅费不应该计入采购成本。

2. 存货的计价方法

(1)先进先出法

先进先出法是指以先购入的存货应先发出(用于销售或耗用)这样一种存货实物流动假设为前提,对发出存货进行计价的一种方法。采用这种方法,先购入的存货成本在后购入存货成本之前转出,据此确定发出存货和期末存货的成本。具体方法是:收入存货时,逐笔登记收入存货的数量、单价和金额;发出存货时,按照先进先出的原则逐笔登记存货的发出成本和结存金额。

期末结存存货成本＝期初结存存货成本＋本期收入存货成本－本期发出存货成本

(2)月末一次加权平均法

月末一次加权平均法是指以月初结存存货数量加上本月收入存货数量作为权数,去除月初结存存货成本加上本月收入存货成本,计算出存货加权平均单位成本,以此为基础计算本月发出存货成本和月末结存存货成本的一种方法。

存货加权平均单位成本＝(月初结存存货成本＋本月收入存货成本)÷
(月初结存存货数量＋本月收入存货数量)

本月发出存货成本＝本月发出存货数量×存货加权平均单位成本

月末结存存货成本＝月末结存存货数量×存货加权平均单位成本

或

月末结存存货成本＝月初结存存货成本＋本月收入存货成本－本月发出存货成本

(3)移动加权平均法

移动加权平均法是指以原有结存存货成本加上本次进货成本的合计额,除以原有结存存货数量加上本次进货数量的合计数,据以计算存货加权平均单位成本,并以此作为在下次进货前计算各次发出存货成本依据的一种方法。

存货加权平均单位成本＝(原有结存存货成本＋本次进货成本)÷
(原有结存存货数量＋本次进货数量)

本次发出存货成本＝本次发出存货数量×本次发货前存货加权平均单位成本

月末结存存货成本＝月末结存存货数量×本月月末存货加权平均单位成本

或

月末结存存货成本＝月初结存存货成本＋本月收入存货成本－本月发出存货成本

3. 要素费用的归集和分配

(1) 材料费用的归集和分配

对于直接用于产品生产、构成产品实体的原材料,能够分产品领用的材料,应根据领退料凭证直接计入相应产品成本的"直接材料"成本项目;对于不能分产品领用的材料,如几种产品共同耗用的材料,需要采用适当的分配方法,分配计入各相关产品成本的"直接材料"成本项目。相应的计算公式为

材料费用分配率＝材料实际总消耗量(或实际成本)÷分配标准(如产品重量、耗用的原材料、生产工时等)

某种产品应负担的材料、燃料、动力费用＝该产品的重量、耗用的原材料、生产工时等×材料费用分配率

在消耗定额比较准确的情况下,原材料、燃料也可按照产品的材料定额消耗量比例或材料定额费用比例进行分配。计算公式为

某种产品材料定额消耗量＝该种产品实际产量×单位产品材料定额消耗量

材料消耗量分配率＝材料实际总消耗量÷各种产品材料定额消耗量之和

某种产品应分配的材料费用＝该种产品材料定额消耗量×材料消耗量分配率×材料单价

(2) 职工薪酬的归集和分配

直接进行产品生产的生产工人的职工薪酬,直接计入产品成本的"直接人工"成本项目;不能直接计入产品成本的职工薪酬,按工时、产品产量、产值比例等分配标准分配计入各有关产品成本的"直接人工"成本项目。相应的计算公式为

生产职工薪酬费用分配率＝各种产品生产职工薪酬总额÷各种产品生产工时之和

某种产品应分配的生产职工薪酬＝该种产品生产工时×生产职工薪酬费用分配率

如果各种产品的单位工时定额比较准确,也可按产品的定额工时比例分配职工薪酬,相应的计算公式为

某种产品耗用的定额工时＝该种产品投产量×单位产品工时定额

生产职工薪酬费用分配率＝各种产品生产职工薪酬总额÷各种产品定额工时之和

某种产品应分配的生产职工薪酬＝该种产品定额工时×生产职工薪酬费用分配率

(3) 制造费用的归集和分配

制造费用包括物料消耗,车间管理人员的薪酬,车间管理用房屋和设备的折旧费、租赁费和保险费,车间管理用具摊销,车间管理用的照明费、水费、取暖费、劳动保护费、设计制图费、试验检验费、差旅费、办公费以及季节性及修理期间停工损失等。相应的计算公式为

制造费用分配率＝制造费用总额÷各产品分配标准之和

(分配标准有产品生产工时或生产工人定额工时、生产工人工资、机器工时、产品计划产量的定额工时等)

某种产品应分配的制造费用＝该种产品分配标准×制造费用分配率

4. 生产费用在完工产品和在产品之间的归集和分配

每月月末,当月"生产成本"明细账中按照成本项目归集了本月生产成本后,这些成本就是本月发生的生产成本,并不是本月完工产品的成本。计算本月完工产品成本,还需要将本月发生的生产成本,加上月初在产品成本,再将其在本月完工产品和月末在产品之间进行分配,以求得本月完工产品成本。

完工产品、在产品成本之间的关系为

本月完工产品成本＝本月发生生产成本＋月初在产品成本－月末在产品成本

根据这一关系,结合生产特点,企业应当根据在产品数量的多少、各月在产品数量变化的大小、各项成本比重的大小,以及定额管理基础的好坏等具体条件,采用适当的分配方法将生产成本在完工产品和在产品之间进行分配。常用的分配方法有:不计算在产品成本法、在产品按固定成本计价法、在产品按所耗直接材料成本计价法、约当产量比例法、在产品按定额成本计价法、在产品按完工产品成本计价法、定额比例法等。

采用约当产量比例法,应将月末在产品数量按其完工程度折算为相当于完工产品的产量,即约当产量,然后将产品应负担的全部成本按照完工产品产量与月末在产品约当产量的比例分配,计算完工产品成本和月末在产品成本。这种方法适用于产品数量较多、各月在产品数量变化较大且生产成本中直接材料成本和直接人工等加工成本的比重相差不大的产品。其计算公式为

在产品约当产量＝在产品数量×完工程度

单位成本＝(月初在产品成本＋本月发生生产成本)÷(完工产品产量＋在产品约当产量)

完工产品成本＝完工产品产量×单位成本

在产品成本＝在产品约当产量×单位成本

任务二　处理账务

一、任务描述

(一)任务场景

财务部门离不开业务部门的运转,财务部门主要对业务部门相关业务进行会计处理。在经营过程中发生的业务主要有生产、销售、采购以及企业投融资业务,这些业务产生的单据都需要进行相应的会计处理。例如,采购业务的发生会产生采购合同、入库单、增值税发票、进账单等单据,那么专岗财务人员就需要根据单据针对采购业务进行相应的材料入库处理及资金收付记账处理。平台的共享服务中心可规范总账业务流程,票据集中处理,自动核算,实现"凭证—账簿—报表—分析"过程的自动化。

(二)任务布置

(1)完成日常经济业务处理。

(2)完成成本核算业务处理。
(3)完成期末业务处理。
(4)完成特殊业务处理。

二、决策分析

决策点1:了解典型业务科目设置

平台中的明细科目严格按照国家相关准则执行,典型业务总账科目及所属明细科目对照表见表6-1。

表6-1　　　　　　　典型业务总账科目及所属明细科目对照表

账户名称	应设置的明细科目或费用项目
原材料	按原材料名称设置,如冰箱压缩机、冰箱辅助材料
银行存款	基本存款户
应收账款	按客户名称设置
应付账款	按供应商名称设置
交易性金融资产	股票
生产成本	二级科目按照产品名称设置,如冰箱;三级科目设置直接材料、直接人工、制造费用
库存商品	按照产品名称设置,如冰箱、消毒柜、电热水器
制造费用	职工薪酬、折旧费、水费、电费、办公费、低值易耗品、其他
应付职工薪酬	工资、职工福利、社会保险费、工会经费、职工教育经费
销售费用	广告费、职工薪酬、其他
管理费用	职工薪酬、办公费、差旅费、水费、电费、折旧、修理费、其他
财务费用	利息支出、利息收入、现金折扣、手续费
主营业务收入	按照产品名称设置,如冰箱、消毒柜、电热水器
主营业务成本	按照产品名称设置,如冰箱、消毒柜、电热水器
其他业务收入	出售原材料
其他业务成本	出售原材料的成本
应交税费——应交增值税	系统已设置,如进项税额、已交税金、销项税额、转出未交增值税
应交税费	未交增值税、应交所得税、应交城市维护建设税

决策点2:了解典型业务类型

平台按照企业经营期以及业务特点把会计业务类型相应划分为日常经济业务、月末成本核算业务、期末业务、特殊业务,这几类业务都属于平台中经常需要处理的,故又称之为典型业务。

三、操作流程

（一）日常经济业务处理

1. 固定资产租赁业务

企业根据需求可以选择以购买或租赁的方式取得所需固定资产，一般情况下以租赁方式获取固定资产。固定资产包括办公用房和厂房。平台以租赁办公用房为例。

在租赁方式下支付办公用房租赁费时，根据租赁合同、付款单据和增值税专用发票进行处理，具体单据如图 6-1 至图 6-3 所示。

房屋租赁合同

承租方： **北京福兴电器有限公司** （以下简称甲方）

出租方： **北京景深房地产有限公司** （以下简称乙方）

为明确双方权利与义务，经协商一致，订立本合同：

第一条　房屋基本情况。

1、乙方出租给甲方的房屋位于：**北京市朝阳区兴风路14号**。

2、出租房屋面积共 **50.00** 平方米（使用面积）。

第二条　租赁期限、用途。

1、该房屋租赁期共 **1** 年。自 **20211001** 起至 **20220930** 止。

2、甲方向乙方承诺，租赁该房屋仅作为生产、办公使用。

……

第五条　租金及支付方式。

该房屋每月租金为 **9167.00** 元 （大写 **玖仟壹佰陆拾柒元整** ）。

首次支付租金应当支付4个月的租金，其中一个月的租金为押金，最后一次支付租金时可以抵掉，少支付一个月租金。

……

第十八条　本合同及附件一式二份，由甲、乙双方各执一份。具有同等法律效力。

甲方：北京福兴电器有限公司　　　　乙方：北京景深房地产有限公司

签约代表：xxx　　　　　　　　　　签约代表：xxx

签约日期：20211001　　　　　　　　签约日期：20211001

图 6-1　房屋租赁合同

回单

（XXXX银行）进账单(回单)
2021年10月1日

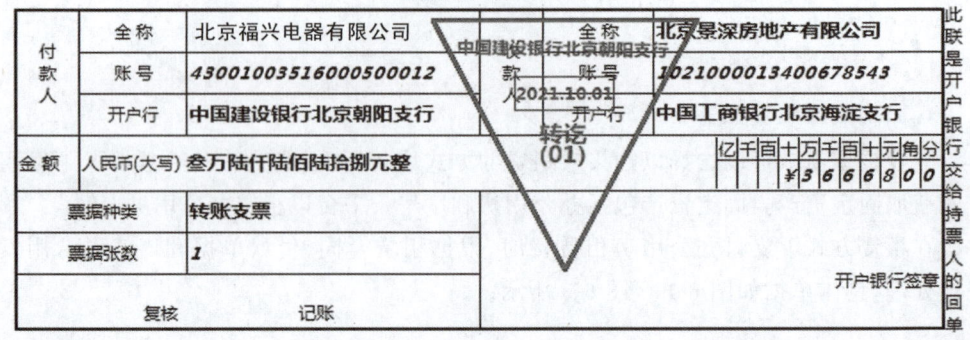

付款人	全称	北京福兴电器有限公司	收款人	全称	北京景深房地产有限公司
	账号	43001003516000500012		账号	1021000013400678543
	开户行	中国建设银行北京朝阳支行		开户行	中国工商银行北京海淀支行
金额	人民币(大写)	叁万陆仟陆佰陆拾捌元整			¥36668.00
票据种类	转账支票				
票据张数	1				
复核		记账			

（中国建设银行北京朝阳支行 2021.10.01 转讫(01)）

图 6-2 付款单据——进账单

北京增值税专用发票
No. XXXXXXX
开票日期：2021年10月02日

购买方：北京福兴电器有限公司
纳税人识别号：91110105767641987366
地址、电话：北京市朝阳区兴风路14号 010-82980920
开户行及账号：中国建设银行北京朝阳支行 43001003516000500012

密码区：3-65745<19458<38404811-270 3-75/37503848*7)+)-2//51-2-3 99

货物或应税劳务、服务名称	规格型号	单位	数量	单价	金额	税率	税额
*经营租赁*办公用房A租金			1	33640.37	33640.37	9%	3027.63
合计					¥33640.37		¥3027.63

价税合计(大写)：叁万陆仟陆佰陆拾捌元整   ¥36668.00

销售方：北京景深房地产有限公司
纳税人识别号：91110108453677688456
地址、电话：北京市海淀区朴厚路23号 010-60445467
开户行及账号：中国工商银行北京海淀支行 1021000013400678543

收款人：　复核：　开票人：　销售方：（章）

图 6-3 增值税专用发票

办公用房租赁会计处理如下：

借：管理费用——租赁费　　　　8 410.09（增值税专用发票金额/4）
　　预付账款或其他应收款　　　25 230.28（增值税专用发票金额减去8 410.09）
　　应交税费——应交增值税（进项税额）
　　　　　　　　　　　　　　　3 027.63（增值税专用发票上的税额）
贷：银行存款　　　　　　　　　36 668.00（进账单上的金额）

2. 采购业务

在日常经营活动中，采购业务是制造企业生产经营活动的主要环节，采购业务的主要任务是采购生产经营所需的各种原材料及物料，形成企业的生产储备。

采购小规模纳税人冰箱辅助材料一批，根据取得的原材料供销合同、增值税普通发票、运费增值税专用发票、入库单、电子汇划收款回单进行处理，具体单据如图6-4至图6-8所示。

第一页 第二页

原材料供销合同

需方（以下简称"甲方"）：**北京福兴电器有限公司**
供方（以下简称"乙方"）：**郑州黄河科技有限公司**

　　甲、乙双方经协商一致，就甲方向乙方购买 **冰箱辅助材料** 事宜，达成以下协议，双方共同遵守：
产品名称、数量、价格。

序号	原材料名称	单位	数量	单价	金额	购货折扣(%)	折扣后金额
	冰箱辅助材料	件	1060.00	738.11	782396.60	1%	774572.63
合计：							774572.63
增值税额：		（税率 *0* ％）					0.00
总金额：（含税）		￥ **774572.63**		大写：**柒拾柒万肆仟伍佰柒拾贰元陆角叁分**			

二、发货、付款方式

1、交货方式：乙方负责寻找第三方物流公司运输，甲方承担运费。

2、交货地点：甲方仓库

3、款到发货：合同签订后甲方支付合同总金额_____元，款到5日内乙方组织货物发出。

4、货到付款：

1) 一次性付款

　　合同签订后，乙方5日内组织发货，甲方 **30** 日内支付全部价税合计款即 **774572.63** 元；甲方可享受货款的现金支付折扣：2/10；1/20；n/30。

2) 分期付款

　　合同签订后，乙方_____日内组织发货，甲方_____日内支付全部价税合计款的_____，即_____元，剩余价税合计款_____元，_____日内付清全部货款。

5、商业折扣

　　购买数量 **1060.00** （单位：**件**），折扣比例（只按照货物的金额计算折扣，不含税款）

　　1000~1999　　　1%
　　2000~2999　　　1.5%
　　3000~4999　　　2%
　　5000及以上　　 2.5%

6、甲方可采用转账方式支付。

7、乙方发货后开具发票。

8、乙方账户名称：**郑州黄河科技有限公司**

开户行：**中国建设银行郑州中原支行**

账号：**37001660003465546503**

税号：**941010276423546545**

四、违约责任

1、滞纳金

2、一次性付款的滞纳金

　　超过付款期限 **30** 天仍未支付货款的，开始收取滞纳金，延期 **10** 日内，每天 **0.05** ％，超过 **10** 日收取违约金，不再收取滞纳金。

图 6-4　原材料供销合同(部分)

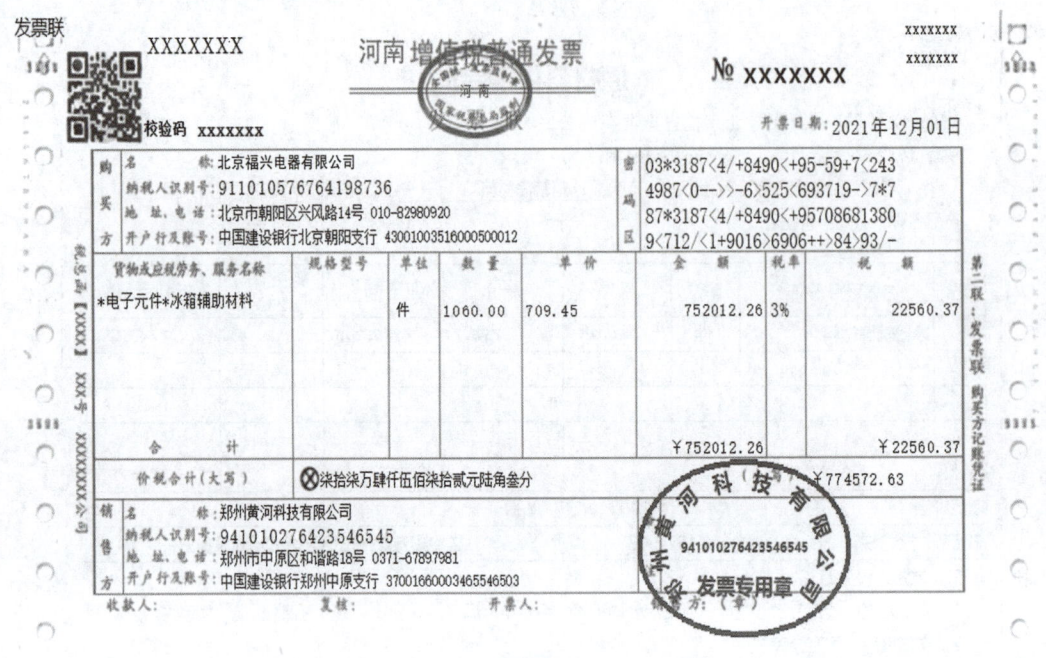

图 6-5 增值税普通发票

图 6-6 运费增值税专用发票

财务联

入 库 单

2021 年 12 月 01 日　　　　　　　单号 xxxxxx

交来单位及部门	郑州黄河科技有限公司		验收仓库		入库日期	2021-12-01		
编号	名称及规格		单位	数量		实际价格		财务联
				交库	实收	单价	金额	
	冰箱辅助材料		件	1060.00	1060.00	732.1723	776102.63	
	合　　　计						¥776102.63	

仓库部主管：　　　　　质管部：　　　　　　经办人：　　　　　　制单人：×××

图 6-7　入库单

电子汇划收款回单

2021年12月6日　　　　流水号：×××

付款人	全称	北京福兴电器有限公司	收款人	全称	郑州黄河科技有限公司
	账号	4300100351600050012		账号	37001660003465546503
	开户行	中国建设银行北京朝阳支行		开户行	中国建设银行郑州中原支行
金额	（大写）　柒拾陆万零陆佰伍拾柒元零捌分				¥760657.08
用途					
备注	汇划日期：2021年12月06日　　　　汇划流水号： 汇出行行号：　　　　　　　　　　　原凭证种类： 原凭证号码：　　　　　　　　　　　原凭证金额： 汇款人地址：北京市朝阳区兴风路14号 收款人地址：郑州市中原区和谐路18号 实际收款人账号：37001660003465546503 实际收款人名称：郑州黄河科技有限公司　　　　　　　　　　　　　　银行盖章				

（中国建设银行北京朝阳支行 收讫 2021.12.06 办讫(01)）

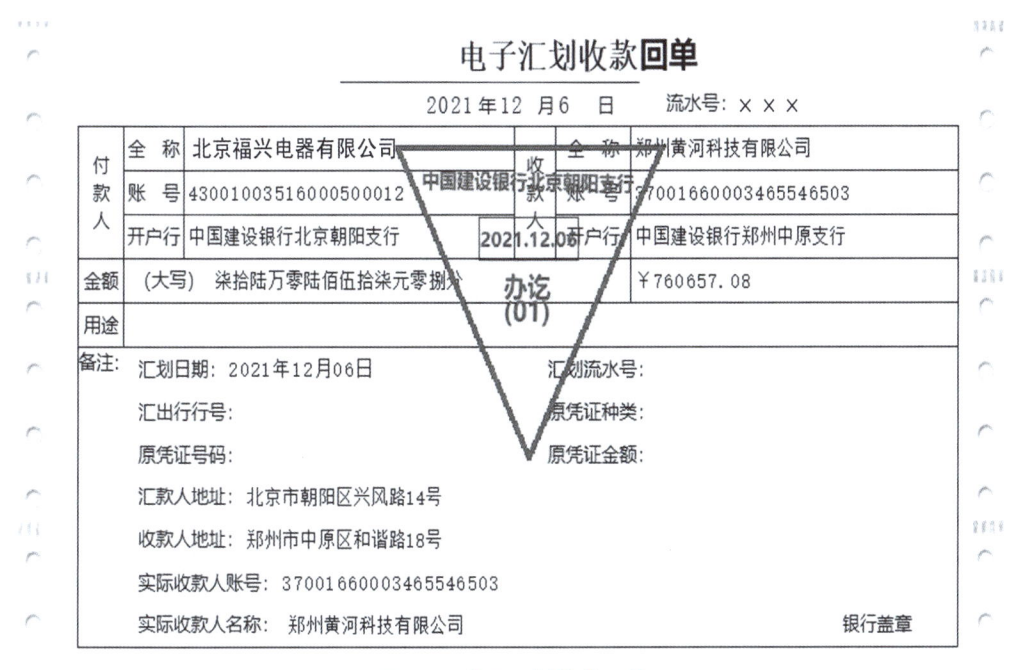

图 6-8　电子汇划收款回单

采购原材料会计处理如下：

借：原材料——冰箱辅助材料　　　776 102.63（增值税专用发票金额加上运费
　　　　　　　　　　　　　　　　　　　　　发票上不含税金额）
　　应交税费——应交增值税（进项税额）　45.90（运费发票上的金额）
　贷：银行存款　　　　　　　　　　760 657.08（银行进账单上的金额）
　　　财务费用——现金折扣　　　　15 491.45（774 572.63×2%）

3. 生产业务

生产环节是制造企业经营活动的主要环节，此环节是将原材料等按要求投入生产，

经过工人的劳动加工,制造出合格的产品。企业在产品的生产过程中,一方面,劳动者借助劳动资料对劳动对象进行加工,从而制造出产品以满足社会需要;另一方面,为制造产品,企业必然要发生诸如固定资产的磨损、材料的消耗以及劳动力的耗费(生产工人和管理人员)等各项生产耗费。

生产冰箱领用相关原材料,根据领料单进行处理,具体单据如图6-9所示。

会计联

领 料 单

领料部门:冰箱车间
用 途:冰箱   2021年12月07日   领   第   号

材料			单位	数量		成本	总价
编号	名称	规格		请领	实发	单价	百十万千百十元角分
B001	冰箱压缩机		件	1000.00	1000.00	894.2218	8 9 4 2 2 1 8 0
B002	冰箱辅助材料		件	1000.00	1000.00	732.3406	7 3 2 3 4 0 6 0
合计							1 6 2 6 5 6 2 4 0

部门经理: 会计: 仓库: 经办人:

图6-9 生产领料单

二维码6-1:领用材料的会计处理

生产冰箱产品会计处理如下:

借:生产成本——冰箱——直接材料 1 626 562.40(领料单合计金额)
　贷:原材料——冰箱压缩机　　　　894 221.80(领料单冰箱压缩机对应金额)
　　　原材料——冰箱辅助材料　　　732 340.60(领料单冰箱辅助材料对应金额)

4. 销售业务

销售环节是制造企业经营过程的最后环节,企业通过这个环节,将产品资金转化为货币资金,从而完成一次资金循环。会计上作为销售业务核算的内容包括产品销售、材料销售。产品销售收入应确认为主营业务收入,在企业的整体收入中占极大的比例,是企业利润的主要来源;材料销售等销售收入属于其他业务收入。平台以销售冰箱(未收款)为例。

企业销售冰箱一批，根据产品销售合同、增值税专用发票进行处理，具体单据如图 6-10 和图 6-11 所示。

产品销售合同

甲方（供方）：<u>北京福兴电器有限公司</u>　乙方（需方）：<u>天津住友电器批发有限公司</u>

地址：<u>北京市朝阳区兴风路14号</u>　　地址：<u>天津市红桥区复兴路88号</u>

电话：<u>010-82980920</u>　　　　　　电话：<u>022-89755665</u>

甲、乙双方经友好协商，以自愿、平等互利为原则，根据《中华人民共和国合同法》，双方达成如下协议：

一、甲、乙双方的权利和义务

1、甲方是<u>冰箱</u>产品的供应商，乙方是经销商。

2、产品的型号由订单、收货单确定，最终以收货单为准。

3、运输及运费计算：运费由乙方承担并支付相应的费用。

二、产品销售数量及订单

序号	产品名称	单位	数量	单价	金额
1	冰箱	件	1000	2497.57	2497570.00
		合计：			

增值税额：<u>324684.10</u>　　　（税率 13%　）

总金额：<u>2822254.10</u>　　　（含税）

三、产品结算方式

1、款到发货

乙方在合同签订后_____日内付款，甲方在收到货款后必须在_____年___月___日之前发货，超过发货时间_____天后视为违约处理。

2、货到付款

1) 一次性付款

甲方必须在乙方订单要求的日期内发货，即在<u>2021</u>年<u>12</u>月<u>21</u>日之前发货，超过发货时间<u>20</u>天后视为违约处理。乙方在收到货并验收合格后，<u>5</u>日内一次性付给甲方全部货款。

2) 分期付款

甲方必须在乙方订单要求的日期内发货，即在_____年___月___日之前发货，超过发货时间_____天后视为违约处理。乙方在收到货并验收合格后，分期付款：

　　第一期，_____日内付全部货款的_____，即_____元，第二期，_____日内付全部货款的_____，即_____元。

四、违约责任：

　1、甲方未按合同约定的时间内发货。

　　……

图 6-10　产品销售合同（部分）

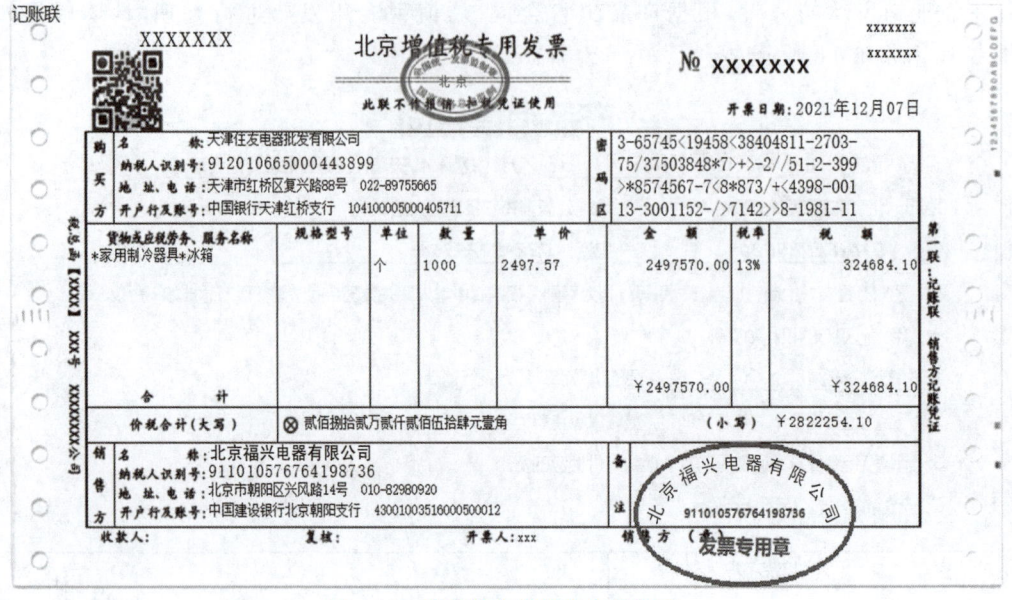

图 6-11　产品销售增值税专用发票

销售冰箱(未收款)会计处理如下:

借:应收账款——天津住友电器　　2 822 254.10(增值税专用发票价税合计金额)
　　贷:主营业务收入——冰箱　　　2 497 570.00(增值税专用发票上金额)
　　　　应交税费——应交增值税(销项税额)　324 684.10(增值税专用发票税额)

(二)成本核算

企业月末要对本月生产的产品进行成本计算,并将完工产品结转入库。企业产品成本计算的基本方法有三种:品种法、分批法、分步法。平台中采用的是品种法。成本核算的一般程序包括:归集和分配各种要素费用、分配计算各种完工产品和在产品成本、将完工产品成本结转到库存商品、结转库存商品到主营业务成本。

1. 归集和分配各种要素费用

(1)材料费用的归集和分配

平台不存在几批产品共同耗用材料的情况,因此材料无须进行归集和分配。

(2)职工薪酬的归集和分配

平台有关工资的单据见表 6-2 至表 6-4,据此编制的工资薪酬费用分配表见表 6-5。

表 6-2   工资汇总表

编制单位:北京福兴电器有限公司　　2021 年 12 月 31 日　　　　　　　　　　　　　　单位:元

部门名称	人员类别	人数（人）	基本工资	绩效工资	应发工资	社保个人部分	个税	实发工资	社保单位部分
综合管理部	管理人员	5	20 000	0	20 000	1 005	44.85	18 950.15	3 280
销售部	销售人员	10	20 000	313 926.47	333 926.47	2 010	64 179.12	267 737.35	6 560
生产部	生产线管理人员	15	60 000	0	60 000	3 015	134.55	56 850.45	9 840
生产部	生产人员	539	1 617 000	0	1 617 000	108 339	0	1 508 661	353 584
合计		569	1 717 000	313 926.47	2 030 926.47	114 369	64 358.52	1 852 198.95	373 264

表 6-3   工时汇总表

2021 年 12 月 31 日

产品品种	机械工时（天）	人工工时（小时）
消毒柜	27.00	4 509.00
冰箱	22.00	3 784.00
电热水器	31.00	6 200.00
合计	80.00	14 493.00

表 6-4   计提分配工资

编制单位:北京福兴电器有限公司　　2021 年 12 月 31 日　　　　　　　　　　　　　　单位:元

部门名称	人员类别	人数（人）	应发工资	工会经费	福利费	职工教育经费	社保单位部分	合计
综合管理部	管理人员	5	20 000	400	2 500	300	3 280	26 480
销售部	销售人员	10	333 926.47	6 678.53	5 000	600	6 560	352 765
生产部	生产线管理人员	15	60 000	1 200	7 500	900	9 840	79 440
生产部	生产人员	539	1 617 000	32 340	269 500	32 340	353 584	2 304 764
合计	合计	569	2 030 926.47	40 618.53	284 500	34 140	373 264	2 763 449

表 6-5　　　　　　　　　　　　　　　工资薪酬费用分配表

编制单位:北京福兴电器有限公司　　2021 年 12 月 31 日　　　　　　　　　　单位:元

应借科目	成本或费用项目	直接计入	分配计入 分配标准	分配计入 分配金额（分配率）	工资费用合计
生产成本	消毒柜	直接人工	0.00	4 509.00		717 048.29
生产成本	冰箱	直接人工	0.00	3 784.00		601 754.43
生产成本	电热水器	直接人工	0.00	6 200.00		985 961.28
生产成本	小计	—	0.00	14 493.00	159.026 012 6	2 304 764.00
管理费用	—	工资	26 480.00	0.00	0.00	26 480.00
销售费用	—	工资	352 765.00	0.00	0.00	352 765.00
制造费用	—	工资	79 440.00	0.00	0.00	79 440.00
研发支出	—	工资	0.00	0.00	0.00	0.00
其他业务成本	—	工资	0.00	0.00	0.00	0.00
其他业务成本	—	工资	0.00	0.00	0.00	0.00
合计	—	—	458 685.00	—	—	2 763 449.00

工资薪酬费用分配表填写说明：

①按照系统给定的人工工时表单,根据工时标准将直接人工成本在各产品之间进行分配。

②按照收益对象,将可以直接计入其他费用的工资薪酬,直接计入其他费用科目。

③保存填好的表单,并与系统给定的工资费用计提表进行比对核实。

④填制好的该表单将作为计提工资凭证的原始附件在平台界面自动生成。

根据编制的工资薪酬费用分配表,企业应对工资费用进行分配,计提工会经费、住房公积金、社保等,具体会计处理如下：

a. 计提职工工资

借：生产成本——消毒柜——直接人工　　　　　　717 048.29
　　生产成本——冰箱——直接人工　　　　　　　601 754.43
　　生产成本——电热水器——直接人工　　　　　985 961.28
　　制造费用——工资　　　　　　　　　　　　　79 440.00
　　销售费用——工资　　　　　　　　　　　　　352 765.00
　　管理费用——工资　　　　　　　　　　　　　26 480.00
　　贷：应付职工薪酬——工资　　　　　　　　　2 030 926.47
　　　　应付职工薪酬——工会经费　　　　　　　40 618.53
　　　　应付职工薪酬——福利费　　　　　　　　284 500.00
　　　　应付职工薪酬——职工教育经费　　　　　34 140.00
　　　　应付职工薪酬——社保单位部分　　　　　373 264.00

b.涉及个人社保和个人所得税

借:应付职工薪酬——工资　　　　　　　　　　　　　　178 727.52
　　贷:应交税费——应交个人所得税　　　　　　　　　　64 358.52
　　　　其他应付款——个人社保费　　　　　　　　　　114 369.00

(3)制造费用的归集和分配

平台的制造费用采用机械工时进行分配。

查找对应的制造费用总账数据,填写制造费用分配表,制造费用分配表见表6-6。

表 6-6

制造费用分配表

车间:生产车间　　　　　2021年12月　　　　　　单位:元

分配对象	分配标准	分配率	分配金额
冰箱	22.00	5121.03175	112662.70
电热水器	31.00	5121.03175	158751.98
消毒柜	27.00	5121.03175	138267.86
合　计	80.00		409682.54

会计主管:　　　　审核:　　　　制表:

制造费用分配表填写说明:

①按照系统给定的机械工时汇总表,根据工时标准将制造费用在各产品之间进行分配,计入各产品的制造费用。

②计算填写分配率及分配金额。

③填制好的表单将作为分配制造费用的原始附件在平台界面自动生成。

根据编制的制造费用分配表,结合制造费用明细账数据,将归集的制造费用结转到生产成本科目,具体会计处理如下:

借:生产成本——冰箱——制造费用　　　　　　　　　　112 662.70
　　生产成本——电热水器——制造费用　　　　　　　　158 751.98
　　生产成本——消毒柜——制造费用　　　　　　　　　138 267.86
　　贷:制造费用——工资　　　　　　　　　　　　　　　79 440.00
　　　　制造费用——水费　　　　　　　　　　　　　　　21 908.26
　　　　制造费用——电费　　　　　　　　　　　　　　　28 176.99
　　　　制造费用——低值易耗品　　　　　　　　　　　　28 176.99

| 制造费用——劳保费 | 151 061.95 |
| 制造费用——房屋租金 | 100 918.35 |

2. 分配计算各种完工产品和在产品成本

平台中企业月末对在产品成本的计算采用约当产量法,材料在生产投产时一次性投入,根据入库单及相应的生产成本明细科目填写完工产品与月末在产品成本分配表,入库单如图6-12所示,完工产品与月末在产品成本分配表见表6-7。

入 库 单

2021 年 12 月 07 日　　　　　　　　　单号 xxxxxx

交来单位及部门	冰箱车间		验收仓库		入库日期	2021-12-07		财
编号	名称及规格		单位	数量		实际价格		务
				交库	实收	单价	金额	联
BX	冰箱			1000	1000			
	合 计							

仓库部主管：　　　　　质管部：　　　　　经办人：　　　　　制单人：×××

图 6-12　产品入库单

表 6-7　　　　　　　　　完工产品与月末在产品成本分配表

产品:冰箱　　　　　　　2021 年 12 月 31 日　　　　　　　　　单位:元

成本项目	月初在产品成本	本月生产费用	合计	完工产品产量	月末在产品产量	月末在产品约当产量	单位成本	月末在产品成本	完工产品成本
直接材料	1 602 921.6	3 432 046.67	5 034 968.27	3 108	0	0	1 620.00	0	5 034 968.27
直接人工	0	601 754.43	601 754.43	3 108	0	0	193.61	0	601 754.43
制造费用	0	325 052.08	325 052.08	3 108	0	0	104.59	0	325 052.08
合计	1 602 921.6	4 358 853.18	5 961 774.78	—	—	—	1 918.20	0	5 961 774.78

完工产品与月末在产品成本分配表填写说明:

①若企业在月末有在产品,则需要用到这张表,将产品的料、工、费在完工产品与月末在产品之间进行分配。

②平台中的材料是一次性投入生产的,完工产品和在产品所耗费的原材料是相等的,所以原材料费用按照完工产品数量和在产品数量进行分配,而制造费用和工资薪酬按照完工产品和在产品约当产量进行分配。

③计算填写表中的数据,将完工产品成本计入当期的产成品成本中。

④填制好的表单将作为产成品入库业务凭证的原始附件在平台界面自动生成。

3. 将完工产品成本结转到库存商品

完工产品与月末在产品成本分配表填完后,需要将完工产品成本结转到库存商品,具体会计处理如下:

借：库存商品——冰箱　　　　　　　　　　　　　　5 961 774.78
　　贷：生产成本——直接材料　　　　　　　　　　　5 034 968.27
　　　　生产成本——直接人工　　　　　　　　　　　　601 754.43
　　　　生产成本——制造费用　　　　　　　　　　　　325 052.08

4. 结转库存商品到主营业务成本

平台中的产成品出库采用月末一次加权平均法，月末在确认收入的同时需要进行相应的成本结转，根据系统提供的产品出库单以及计算的单位成本进行主营业务成本结转，部分出库单如图 6-13 所示。

会计联

出　库　单

出货单位：北京福兴电器有限公司　　2021 年 12 月 7 日　　　　单号：XXXXXX

提货单位或领货部门	销售部	销售单号	XXXXXX	发出仓库	XX	出库日期	20211207
编号	名称及规格	单位	数量（应发）	数量（实发）	单价	金额	
	冰箱	件	1000	1000			
	合　计						

部门经理：　　　　会计：XX　　　　仓库：XX　　　　经办人：XX

图 6-13　出库单

具体会计处理如下：

借：主营业务成本　　　　　　　　　　1 918 200(1 918.20×1 000)
　　贷：库存商品　　　　　　　　　　1 918 200(1 918.20×1 000)

（三）期末业务

1. 计提产品质量保证金

财务总监岗执行"电算化"→"凭证录入"命令，填写"产品质量保证金"记账凭证。先查询"主营业务收入"明细账，统计本月产品销售收入金额，然后计算产品质量保证金（参见销售过程业务处理部分）。

产品质量保证金＝当月主营业务收入合计数×比例。

借：销售费用——产品质量保证金　　　　　　　790 032.81
　　贷：预计负债——产品质量保证金　　　　　　790 032.81

2. 计提固定资产折旧和无形资产摊销

成本管理岗执行"电算化"→"凭证录入"命令，填写"计提固定资产折旧"和"计提摊销"记账凭证。先查询"固定资产""无形资产"明细账，再计算计提金额。计提固定资产折旧和计提无形资产摊销应在月末进行，否则会影响当月损益计算的正确性。

借:管理费用——折旧费　　　　　　　　　　　　　　1 952.39
　　贷:累计折旧　　　　　　　　　　　　　　　　　　1 952.39

3. 计提税费

成本管理岗执行"电算化"→"凭证录入"命令,填写"计提税费"的记账凭证。先查询"主营业务收入""其他业务收入"等明细账,再进行计算。根据平台涉及的相关业务,税费计提部分将重点介绍增值税、城市维护建设税和教育费附加。

(1)增值税

根据税法相关规定,增值税应纳税额的计算为

　　　　应纳税额＝当期销项税额－当期进项税额－上期留抵税额

　　　　　　　　＝当期销售额×适用税率－当期进项税额－上期留抵税额

其中销售额为纳税人销售货物或提供劳务向购买方收取的全部价款和价外费用。

具体会计处理如下:

借:应交税费——应交增值税——转出未交增值税　　2 795 578.86
　　贷:应交税费——未交增值税　　　　　　　　　　　2 795 578.86

(2)城市维护建设税和教育费附加

城市维护建设税和教育费附加的计税依据是纳税人实际缴纳的增值税、消费税税额;纳税人违反有关税法而加收的滞纳金和罚款,是税务机关对纳税人违法行为的经济制裁,不作为城市维护建设税和教育费附加的计税依据,但纳税人在被查补增值税、消费税税额和被处以罚款时,应同时对其偷漏的城市维护建设税和教育费附加进行补税、征收滞纳金和罚款。

　　　　应纳税额＝(实际缴纳的增值税＋实际缴纳的消费税)×适用税率

具体会计处理如下:

借:税金及附加——城市维护建设税　　　　　　　　195 690.52
　　税金及附加——教育费附加　　　　　　　　　　　83 867.37
　　贷:应交税费——应交城市维护建设税　　　　　　　195 690.52
　　　　应交税费——应交教育费附加　　　　　　　　　83 867.37

4. 财务成果核算

企业的财务成果也称企业的盈亏,是企业收入与费用的差额,是衡量企业经营管理水平最重要的综合指标。因此,进行财务成果核算的最重要的工作就是要正确计算企业在一定会计期间的盈亏,而正确计算盈亏的前提是正确确认各期的收入和费用。企业的收入,广义上讲不仅包括营业收入,还应包括营业外收入和投资收益。企业的费用,广义上讲不仅包括为取得营业收入而发生的各种耗费,还包括营业外支出和所得税等。按照我国有关法律规定,企业实现的净利润还要进行分配,如提取盈余公积和向投资者分配利润等。因此,计算企业实现的利润并对其进行分配,是企业财务成果核算的主要内容。

在财务成果核算的业务中,涉及的主要业务如下:

(1)结转各项收入
借:主营业务收入　　　　　　　　　　　　　　　　　26 334 427
　贷:本年利润　　　　　　　　　　　　　　　　　　　　　26 334 427
(2)结转各项费用支出
借:本年利润　　　　　　　　　　　　　　　　　　　23 011 300.99
　贷:主营业务成本　　　　　　　　　　　　　　　　　　20 825 318.00
　　　税金及附加　　　　　　　　　　　　　　　　　　　　292 310.37
　　　销售费用　　　　　　　　　　　　　　　　　　　　1 806 894.69
　　　管理费用　　　　　　　　　　　　　　　　　　　　　119 060.65
　　　财务费用　　　　　　　　　　　　　　　　　　　　　－32 282.72
(3)计算会计利润
企业会计人员根据"本年利润"账户的借、贷方发生额的差额来确定企业当年盈亏。
会计利润＝26 334 427－23 011 300.99＝3 323 126.01 元
(4)进行纳税调整,并结转所得税费用

$$应纳税所得额＝会计利润±纳税调整额$$

$$应纳税额＝应纳税所得额×所得税税率$$

根据所得税法的规定,所得税税率为25％。
①确认所得税费用
借:所得税费用　　　　　　　　　　　　　　　　　　　2 431 008.65
　贷:应交税费——应交所得税　　　　　　　　　　　　　　2 431 008.65
②结转所得税费用
借:本年利润　　　　　　　　　　　　　　　　　　　　2 431 008.65
　贷:所得税费用　　　　　　　　　　　　　　　　　　　　2 431 008.65
(5)计算净利润并进行利润分配
净利润＝会计利润－所得税费用＝3 323 126.01－2 431 008.65＝892 117.36 元
进行利润分配(平台未进行利润分配)
借:利润分配——提取盈余公积
　　　　　　——应付股利
　贷:盈余公积
　　　应付股利
(6)年末结转实现的利润和已分配利润
①结转本年实现的净利润(或亏损)
借:本年利润　　　　　　　　　　　　　　　　　　　　　892 117.36
　贷:利润分配——未分配利润　　　　　　　　　　　　　　　892 117.36
若亏损,则做上述分录的相反分录:
借:利润分配——未分配利润
　贷:本年利润

②结转本年已分配的利润(平台未进行利润分配,故无须进行结转)

借:利润分配——未分配利润

　　贷:利润分配——提取盈余公积

　　　　　　　　——应付股利

年末结转后,利润分配科目除"未分配利润"明细科目外,其他明细科目应无余额。"利润分配——未分配利润"科目的余额反映的是企业未分配利润(或未弥补的亏损)。

平台中财务经理岗结转损益后,系统自动生成损益结转的凭证(该凭证必须为当前会计期间最后一笔凭证),财务经理岗审核无误后,再过账,然后生成资产负债表和利润表。

(四)特殊业务——交换存货

企业在生产经营过程中,有时会出现这种情况,即甲企业需要乙企业拥有的某项设备,而乙企业恰好需要甲企业生产的产品作为原材料,双方可以通过交换上述设备和原材料达成交易,这是一种非货币性资产交换行为。通过这种交换,企业一方面满足了各自生产经营的需要;另一方面也在一定程度上减少了货币性资产的流出。

交换存货,应当视同销售存货,按照公允价值确认销售收入,同时结转销售成本,销售收入与销售成本之间的差额即换出资产公允价值与换出资产账面价值的差额,在利润表中作为营业利润的构成部分予以列示。

在涉及补价的情况下,对于支付补价方而言,作为补价的货币性资产构成换入资产所放弃对价的一部分;对于收到补价方而言,作为补价的货币性资产构成换入资产的一部分。具体会计处理如下:

1. 取得换入资产时

借:原材料

　　应交税费——应交增值税(进项税额)

　　贷:主营业务收入

　　　　应交税费——应交增值税(销项税额)

　　　　银行存款(支付的补价)

2. 结转换出资产成本时

借:主营业务成本

　　贷:库存商品

温馨提示:

非货币性资产交换时的会计处理,应注意补价的核算。平台中假设交换存货的案例均具有商业实质。所支付的补价不超过交换总金额(含税)的5%。但由于平台系统无法将所有原始单据集中在一起使用,故本业务分两笔分录进行会计处理,通过"应收账款"科目进行过渡。

任务三　审核财务报表

一、任务描述

（一）任务场景

财务报表亦称对外会计报表，是会计主体对外提供的反映会计主体财务状况和经营成果的会计报表，包括资产负债表、利润表、现金流量表、所有者权益变动表及附注。财务报表是财务报告的主要部分，是以会计准则为规范编制的，向所有者、债权人、政府、其他有关各方及社会公众等外部使用者披露的会计报表。

（二）任务布置

生成本月的资产负债表和利润表。

二、决策分析

平台根据经济业务运行情况，在会计处理中生成财务报表，包括资产负债表和利润表，各角色可通过电算化系统界面查看相应报表。

三、操作流程

1. 编制资产负债表

资产负债表是反映企业在某一特定日期（通常为各会计期末）财务状况（资产、负债和股东权益的状况）的会计报表。资产负债表以会计平衡为原则，以特定日期的静态企业情况为基准，除了用于企业内部除错、防止弊端外，还可让所有使用者在最短的时间内了解企业经营状况。

平台中资产负债表的查看和生成操作如下：在电算化系统单击"资产负债表"，进入资产负债表界面，选择查看对应年份某月份的资产负债表，对于已过账、结转损益的月份，单击"查看报表"即可打开该年某月份资产负债表，见表6-8。已过账、结转损益的月份若还没有正式生成报表，也可单击"生成报表"，系统将自动生成该月份资产负债表。期末未过账、未结转损益的月份将无法生成报表。

表 6-8　　　　　　　　　　　　　　　　资产负债表

编制单位：北京福兴电器有限公司　　2021 年 12 月 31 日　　　　　　　　　　　　　单位：元

资产	年初余额	期末余额	负债和所有者(或股东)权益	年初余额	期末余额
流动资产：			流动负债：		
货币资金		23 032 640.9	短期借款		
交易性金融资产			交易性金融负债		
衍生金融资产			衍生金融负债		
应收票据			应付票据		
应收账款		3 994 052.8	应付账款		7 085 033.48
应收款项融资			预收款项		
预付款项		658 001.02	合同负债		
其他应收款			应付职工薪酬		2 584 721.48
存货		199 242.05	应交税费		5 570 503.92
合同资产			其他应付款		114 369
持有待售资产			持有待售负债		
一年内到期的非流动资产			一年内到期的非流动负债		
其他流动资产			其他流动负债		
流动资产合计		27 883 936.77	流动负债合计		15 354 627.88
非流动资产：			非流动负债：		
债权投资			长期借款		
其他债权投资			应付债券		
长期应收款			其中:优先股		
长期股权投资			永续债		
其他权益工具投资			租赁负债		
其他非流动金融资产			长期应付款		
投资性房地产			预计负债		302 664.15
固定资产		66 381.22	递延收益		
在建工程			递延所得税负债		
生产性生物资产			其他非流动负债		
汽油资产			非流动负债合计		302 664.15
使用权资产			负债合计		15 657 292.03
无形资产			所有者权益(或股东权益)：		
开发支出			实收资本(或股本)		5 000 000
商誉			其他权益工具		
长期待摊费用			其中:优先股		
递延所得税资产			永续股		
其他非流动资产			资本公积		
非流动资产合计		66 381.22	减:库存股		
			其他综合收益		
			专项储备		
			盈余公积		
			未分配利润		7 293 025.96
			所有者权益(或股东权益)合计		12 293 025.96
资产总计		27 950 317.99	负债和所有者权益(或股东权益)总计		27 950 317.99

2. 编制利润表

利润表主要提供有关企业经营成果方面的信息，是反映企业在一定会计期间经营成果的会计报表。编制利润表的主要目的是将企业经营成果的信息提供给各会计报表使用者，便于会计报表使用者判断企业未来的发展趋势，以供他们作为决策的依据或参考。

平台中利润表的生成、查看的方法同资产负债表，见表6-9。

表6-9　　　　　　　　　　　　　利　润　表

编制单位：北京福兴电器有限公司　　　2021年12月　　　　　　　　　　单位：元

项目	本期金额	上期金额
一、营业收入	26 334 427.00	
减：营业成本	20 825 318.00	
税金及附加	292 310.37	
销售费用	1 806 894.69	
管理费用	119 060.65	
研发费用	—	
财务费用	－32 282.72	
其中：利息费用	30 138.88	
利息收入	—	
加：其他收益	—	
投资收益（损失以"－"号填列）	—	
其中：对联营企业和合营企业的投资收益	—	
以摊余成本计量的金融资产终止确认收益（损失以"－"号填列）	—	
净敞口套期收益（损失以"－"号填列）	—	
公允价值变动收益（损失以"－"号填列）	—	
信用减值损失（损失以"－"号填列）	—	
资产减值损失（损失以"－"号填列）	—	
资产处置收益（损失以"－"号填列）	—	
二、营业利润（亏损以"－"号填列）	3 323 126.01	
加：营业外收入	—	
减：营业外支出	—	
三、利润总额（亏损以"－"号填列）	3 323 126.01	
减：所得税费用	830 781.50	
四、净利润（净亏损以"－"号填列）	2 492 344.51	
（一）持续经营净利润（净亏损以"－"号填列）	2 492 344.51	
（二）终止经营净利润（净亏损以"－"号填列）	—	
五、其他综合收益的税后净额	—	
六、综合收益总额	2 492 344.51	
七、每股收益		
（一）基本每股收益		
（二）稀释每股收益		

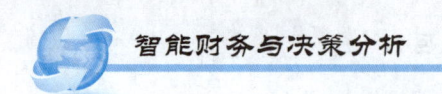

任务四　申报纳税

一、任务描述

(一)任务场景

北京福兴电器有限公司为一般纳税人企业,2021年12月销售货物不含税金额为26 334 427元,均已开具增值税专用发票;购买货物取得增值税专用发票12份,显示货款为4 791 610元,税款为622 909.31元;货运公司、自来水公司开具的增值税专用发票3份,显示金额为29 662.89元,税款为2 669.65元;仓储公司开具的增值税专用发票1份,显示金额为23 253.17元,税款为1 395.19元。2022年1月3日,申报12月税款。

(二)任务布置

2022年1月完成增值税、企业所得税及其他税费的纳税申报,主要包括增值税(月报)、企业所得税(季报、年报)、城市维护建设税(月报)、教育费附加(月报)、印花税(月报)、个人所得税(月报)等。

二、决策分析

决策点1:了解增值税申报要点

1. 增值税计算原理

目前我国增值税实行购进扣税法,即纳税人发生应税行为时,按照销售额计算销项税额;购进货物、劳务、服务、无形资产或不动产时,以支付或负担的税款为进项税额,同时允许从销项税额中抵扣进项税额,这样就相当于仅对发生应税行为的增值部分征税。

2. 增值税计税方法

增值税计税方法包括两种:一般计税方法和简易计税方法。

(1)一般计税方法适用于一般纳税人

$$应纳税额 = 当期销项税额 - 当期进项税额$$

当期销项税额小于当期进项税额时,不足抵扣的部分可以结转下期继续抵扣。因销售折让、中止或者退回而退还给购买方的增值税额,应当从当期的销项税额中扣减;因销售折让、中止或者退回而收回的增值税额,应当从当期进项税额中扣减。

(2)简易计税方法适用于小规模纳税人

$$应纳税额＝销售额\times 征收率$$

简易征收方法不得抵扣进项税额。因销售折让、中止或者退回而退还给购买方的增值税额,应当从当期的销售额中扣减。扣减当期销售额后仍有余额造成的多缴税款,可以从以后的应纳税额中扣减。

一般纳税人发生财政部和国家税务总局规定的特定应税行为,可以选择适用简易计税方法计税,但一经选择,36个月内不得变更。

3. 抵扣进项税额

下列进项税额准予从销项税额中扣除:

(1)从销售方取得的增值税专用发票(含税控机动车销售统一发票)上注明的增值税额。

(2)从海关取得的海关进口增值税专用缴款书上注明的增值税额。

(3)购进农产品,除取得增值税专用发票或者海关进口增值税专用缴款书外,按照农产品收购发票或者销售发票上注明的农产品买价乘以9%的扣除率计算进项税额的计算公式为

$$进项税额＝买价\times 扣除率$$

(4)购进农产品,按照《农产品增值税进项税额核定扣除试点实施办法》抵扣进项税额的除外。

(5)从境外单位或者个人购进服务、无形资产或者不动产,自税务机关或者扣缴义务人取得的解缴税款的完税凭证上注明的增值税额。

4. 增值税扣税凭证类型

进项税额要想从销项税额中抵扣,必须要取得合法有效的增值税扣税凭证,主要包括增值税专用发票、税控机动车销售统一发票、海关进口增值税专用缴款书、农产品收购发票、农产品销售发票和完税凭证等。

取得的增值税扣税凭证不符合法律、行政法规或者国家税务总局有关规定的,其进项税额不得从销项税额中抵扣。凭完税凭证抵扣进项税额的,应当具备书面合同、付款证明和境外单位的对账单或者发票。资料不全的,其进项税额不得从销项税额中抵扣。

决策点2:了解城市维护建设税和教育费附加申报要点

城市维护建设税和教育费附加是增值税、消费税两类流转税的附加税,只要缴纳了增值税和消费税,就要同时缴纳城市维护建设税和教育费附加。城市维护建设税根据地区不同,税率分为7%(市区)、5%(县城镇)和1%,教育费附加税率是3%,这两个附加税用实际缴纳的增值税和消费税作为基数乘以相应的税率,计算应纳的附加税金额。办税

人员可通过查询"应交税费——应交增值税""应交税费——应交消费税"明细账来确定实际缴纳的增值税和消费税的金额,作为计税依据。

平台中涉及的城市维护建设税税率为7%,教育费附加税率为3%。

决策点3:了解印花税申报要点

印花税的申报要点如下:

(1)印花税是对经济活动和经济交往中设立、领受具有法律效力的凭证的行为所征收的一种税,因采用在应税凭证上粘贴印花税票作为完税的标志而得名。印花税的纳税人包括在中国境内设立、领受规定的经济凭证的企业、行政单位、事业单位、军事单位、社会团体、其他单位、个体工商户和其他个人。

(2)在中华人民共和国境内书立、领受《中华人民共和国印花税暂行条例》所列举凭证的单位和个人,都是印花税的纳税义务人,应当按照规定缴纳印花税。具体有立合同人、立据人、立账簿人、领受人和使用人。

(3)现行印花税只对印花税条例列举的凭证征税,没有列举的凭证不征税。

(4)印花税的税率有两种形式,即比例税率和定额税率。

印花税主要税收要素见表6-10。

表6-10　　　　　　　　　　印花税主要税收要素

征税对象	税目	旧税率	新税率	备注
合同 (指书面合同)	借款合同	借款金额的0.5‰	无变化	指银行业金融机构、经国务院银行业监督管理机构批准设立的其他金融机构与借款人(不包括同业拆借)的借款合同
	融资租赁合同	租金的0.5‰	无变化	
	购销合同	价款的0.3‰	无变化	指动产买卖合同(不包括个人书立的动产买卖合同)
	承揽合同	报酬的0.5‰	无变化	
	建设工程合同	价款的0.5‰	价款的0.3‰	
	运输合同	运输费用的0.5‰	运输费用的0.3‰	指客运合同、货运合同和多式联运合同(不包括管道运输合同)
	技术合同	价款、报酬或者使用费的0.3‰	无变化	不包括专利权、专有技术使用权转让书据
	租赁合同	租金的1‰	无变化	
	保管合同	保管费的1‰	无变化	
	仓储合同	仓储费的1‰	无变化	
	财产保险合同	保险费的0.03‰	保险费的1‰	不包括再保险合同

(续表)

征税对象	税目	旧税率	新税率	备注
产权转移书据	土地使用权出让书据	价款的0.5‰	无变化	转让包括买卖(出售)、继承、赠与、互换、分割
	土地使用权、房屋等建筑物和构筑物所有权转让书据(不包括土地承包经营权和土地经营权转移)	价款的0.5‰	无变化	
	股权转让书据(不包括应缴纳证券交易印花税)	价款的0.5‰	无变化	
	商标专用权、著作权、专利权、专有技术使用权转让书据	价款的0.5‰	价款的0.3‰	
营业账簿		实收资本(股本)、资本公积合计金额的0.5‰	实收资本(股本)、资本公积合计金额的0.25‰	
证券交易		成交金额的1‰	无变化	

温馨提示：

2021年6月10日，《中华人民共和国印花税法》正式颁布，将于2022年7月1日起正式实施。

决策点4：了解个人所得税申报要点

个人所得税是调整征税机关与自然人(居民、非居民)之间在个人所得税的征纳与管理过程中所发生的社会关系的法律规范的总称。个人所得税的税目共十一项，包括工资、薪金所得，个体工商户的生产、经营所得，对企事业单位的承包经营、承租经营所得，劳务报酬所得，稿酬所得，特许权使用费所得，利息、股息、红利所得，财产租赁所得，财产转让所得，偶然所得，其他所得。办税人员应根据个人所得税计算公式(应纳个人所得税额＝应纳税所得额×适用税率)查询和统计相关的数据。为方便进行纳税申报，系统在月末会自动计算出应纳个人所得税额，办税人员可通过查询"应交税费——应交个人所得税"明细账或者"工资汇总表"中的个税栏来确定应纳个人所得税额。纳税申报时直接将该金额填写到纳税申报表中的"计税金额"栏，系统自动计算出应纳税额。

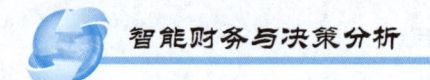

决策点5：了解年度所得税汇算申报要点

1. 年度所得税汇算清缴定义

汇算清缴是指纳税人在纳税年度终了后规定的时期内，依照税收法律、法规、规章及其他有关企业所得税的规定，自行计算全年应纳税所得额和应纳所得税额，根据月度或季度预缴的所得税数额，确定该年度应补或者应退税额，并填写年度企业所得税纳税申报表，向主管税务机关办理年度企业所得税纳税申报、提供税务机关要求提供的有关资料、结清全年企业所得税税款的行为。

2. 年度所得税汇算清缴时间

企业应当自年度终了之日起五个月内，向税务机关报送年度企业所得税纳税申报表，并汇算清缴，结清应缴应退税款。

3. 企业所得税征税对象

企业所得税征税对象是指企业的生产经营所得、其他所得和清算所得。

三、操作流程

（一）流程要点

平台的纳税申报主要涉及财务总监岗和成本管理岗，其中成本管理岗要履行填写和申报各税种税单的职责，并在申报成功后进行相应的账务处理；财务总监岗负责审批相关申报表格并查看相应申报回单，如图6-14所示。

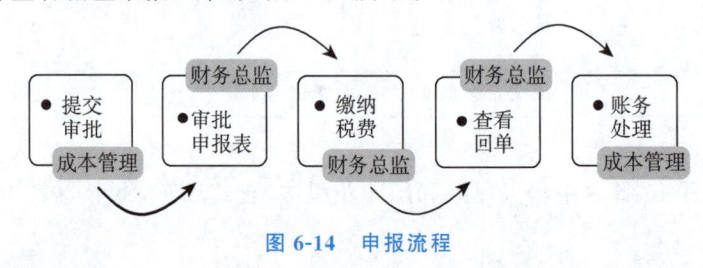

图6-14 申报流程

（二）操作要点

1. 增值税的申报

目前增值税一般纳税人适用的纳税申报表及其附列资料如下：

(1)《增值税纳税申报表(适用于增值税一般纳税人)》，见表6-11。

(2)《增值税纳税申报表附列资料(一)》(本期销售情况明细)，见表6-12。

(3)《增值税纳税申报表附列资料(二)》(本期进项税额明细)，见表6-13。

(4)《增值税纳税申报表附列资料(三)》(服务、不动产和无形资产扣除项目明细)，见表6-14。

(5)《增值税纳税申报表附列资料(四)》(税额抵减情况表)，见表6-15。

(6)《增值税减免税申报明细表》，见表6-16。

2. 个人所得税、印花税、城市维护建设税和教育费附加的申报。

个人所得税、印花税、城市维护建设税和教育费附加的申报,见表 6-17。

表 6-11

增值税纳税申报表(适用于增值税一般纳税人)

纳税人识别号:911101576764198736　　　　纳税人名称:北京福兴电器有限公司
所属时期:20211201　　　至 20211231　　　填表日期:20220101　　　　　　金额单位:元至角分

	项目	栏次	一般项目 本月数	一般项目 本年累计	即征即退项目 本月数	即征即退项目 本年累计
销售额	(一)按适用税率计税销售额	1	26334427.00	65683409.23		
	其中:应税货物销售额	2	26334427.00	65670013		
	应税劳务销售额	3				
	纳税检查调整的销售额	4				
	(二)按简易办法计税销售额	5				
	其中:纳税检查调整的销售额	6				
	(三)免、抵、退办法出口销售额	7			-----	-----
	(四)免税销售额	8			-----	-----
	其中:免税货物销售额	9			-----	-----
	免税劳务销售额	10			-----	-----
税款计算	销项税额	11	3423475.51			
	进项税额	12	627896.65			
	上期留抵税额	13			-----	
	进项税额转出	14				
	免、抵、退应退税额	15				
	按适用税率计算的纳税检查应补缴税额	16				
	应抵扣税额合计	17=12+13-14-15+16	627896.65	-----	0.00	-----
	实际抵扣税额	18 (如17<11,则为17,否则为11)	627896.65	0.00	0.00	0.00
	应纳税额	19=11-18	2795578.86	6311370.39	0.00	0.00
	期末留抵税额	20=17-18	0.00		0.00	
	简易计税办法计算的应纳税额	21				
	按简易计税办法计算的纳税检查应补缴税额	22			-----	-----
	应纳税额减征额	23				
	应纳税额合计	24=19+21-23	2795578.86	6311370.39	0.00	0.00
税款缴纳	期初未缴税额(多缴为负数)	25				
	实收出口开具专用缴款书退税额	26			-----	-----
	本期已缴税额	27=28+29+30+31	0.00	0.00	0.00	0.00
	①分次预缴税额	28			-----	-----
	②出口开具专用缴款书预缴税额	29			-----	-----
	③本期缴纳上期应纳税额	30				
	④本期缴纳欠缴税额	31				
	期末未缴税额(多缴为负数)	32=24+25+26-27	2795578.86	2795578.86	0.00	0.00
	其中:欠缴税额(≥0)	33=25+26-27	0.00	-----	0.00	-----
	本期应补(退)税额	34=24-28-29	2795578.86		0.00	
	即征即退实际退税额	35	-----	-----		
	期初未缴查补税额	36			-----	-----
	本期入库查补税额	37			-----	-----
	期末未缴查补税额	38=16+22+36-37	0.00	0.00	-----	-----

表6-12

增值税纳税申报表附列资料（一）
（本期销售情况明细）

税款所属时间：2021 年12 月 1 日至 2021 年 12 月 31 日

纳税人名称：北京福兴电器有限公司

金额单位：元至角分

项目及栏次				开具增值税专用发票		开具其他发票		未开具发票		纳税检查调整		合计			服务、不动产和无形项目本期实际扣除金额	扣除后	
				销售额	销项(应纳)税额	销售额	销项(应纳)税额	销售额	销项(应纳)税额	销售额	销项(应纳)税额	销售额 9=1+3+5+7	销项(应)纳税额 10=2+4+6+8	价税合计 11=9+10		含税(免税)销售额 13=11-12	销项(应纳)税额 14=13÷(100%+税率或征收率)×税率或征收率
				1	2	3	4	5	6	7	8				12		
一、一般计税方法计税	全部征税项目		13%税率的货物及加工修理修配劳务	1	26334427	3423475.51	—	—	—	—	—	—	26334427	3423476.51	—	—	—	—
			13%税率的服务、不动产和无形资产	2														
			9%税率的货物及加工修理修配劳务	3														
			9%税率的服务、不动产和无形资产	4														
			6%税率	5														
	其中：即征即退项目		即征即退货物及加工修理修配劳务	6														
			即征即退服务、不动产和无形资产	7														
二、简易计税方法计税	全部征税项目		6%征收率	8														
			5%征收率的货物及加工修理修配劳务	9a														
			5%征收率的服务、不动产和无形资产	9b														
			4%征收率	10														
			3%征收率的货物及加工修理修配劳务	11														
			3%征收率的服务、不动产和无形资产	12														
			预征率 %	13a														
			预征率 %	13b														
			预征率 %	13c														
	其中：即征即退项目		即征即退货物及加工修理修配劳务	14														
			即征即退服务、不动产和无形资产	15														
三、免抵退税			货物及加工修理修配劳务	16														
			服务、不动产和无形资产	17														
四、免税			货物及加工修理修配劳务	18														
			服务、不动产和无形资产	19														

表 6-13

增值税纳税申报表附列资料（二）
(本期进项税额明细)

纳税人识别号：91101057676419873 6　　纳税人名称：北京福兴电器有限公司
所属时期：20211201　至 20211231　　填表日期：20220101　　金额单位：元至角分

一、申报抵扣的进项税额

项目	栏次	份数	金额	税额
（一）认证相符的增值税专用发票	1=2+3	33.00	4875276.06	627896.65
其中：本期认证相符且本期申报抵扣	2	33.00	4875276.06	627896.65
前期认证相符且本期申报抵扣	3			
（二）其他扣税凭证	4=5+6+7+8	0.00	0.00	0.00
其中：海关进口增值税专用缴款书	5			
农产品收购发票或者销售发票	6			
代扣代缴税收缴款凭证	7	——	——	
加计扣除农产品进项税额	8a	——	——	
其他	8b			
（三）本期用于购建不动产的扣税凭证	9			
（四）本期用于抵扣的旅客运输服务扣税凭证	10			
（五）外贸企业进项税额抵扣证明	11			
当期申报抵扣进项税额合计	12=1+4+11	33.00	4875276.06	627896.65

二、进项税额转出额

项目	栏次	税额
本期进项税额转出额	13=14至23之和	0.00
其中：免税项目用	14	
集体福利、个人消费	15	
非正常损失	16	
简易计税方法征税项目用	17	
免抵退税办法不得抵扣的进项税额	18	
纳税检查调减进项税额	19	
红字专用发票信息表注明的进项税额	20	
上期留抵税额抵减欠税	21	
上期留抵税额退税	22	
其他应作进项税额转出的情形	23	

三、待抵扣进项税额

项目	栏次	份数	金额	税额
（一）认证相符的增值税专用发票	24	——	——	——
期初已认证相符但未申报抵扣	25			
本期认证相符且本期未申报抵扣	26			
期末已认证相符但未申报抵扣	27			
其中：按照税法规定不允许抵扣	28			
（二）其他扣税凭证	29=30至33之和	0.00	0.00	0.00
其中：海关进口增值税专用缴款书	30			
农产品收购发票或销售发票	31			
代扣代缴税收缴款凭证	32		——	
其他	33			
	34			

四、其他

项目	栏次	份数	金额	税额
本期认证相符的增值税专用发票	35	33	4875276.06	627896.65
代扣代缴税额	36	——	——	

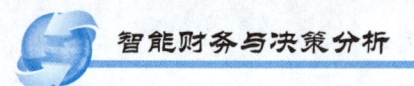

表6-14

增值税纳税申报表附列资料（三）　　（服务、不动产和无形资产扣除项目明细）

纳税人识别号：91101057674198736
所属时期：20211201 至 20211231
纳税人名称：北京福兴电器有限公司
填表日期：20220101

金额单位：元至角分

项目及栏次		本期服务、不动产和无形资产价税合计额（免税销售额）	期初余额	本期发生额	本期应扣除金额	本期实际扣除金额	期末余额
		1	2	3	4=2+3	5(5≤1且5≤4)	6=4-5
13%税率的项目	1				0.00		0.00
9%税率的项目	2				0.00		0.00
6%税率的项目（不含金融商品转让）	3				0.00		0.00
6%税率的金融商品转让项目	4				0.00		0.00
5%征收率的项目	5				0.00		0.00
3%征收率的项目	6				0.00		0.00
免抵退税的项目	7				0.00		0.00
免税的项目	8				0.00		0.00

表6-15

增值税纳税申报表附列资料（四）
（税额抵减情况表）

纳税人识别号：91101057641198736
所属时期：20211201 至20211231

纳税人名称：北京福兴电器有限公司
填表日期：20220101

金额单位：元至角分

一、税额抵减情况

序号	抵减项目	期初余额 1	本期发生额 2	本期应抵减税额 3=1+2	本期实际抵减税额 4≤3	期末余额 5=3-4
1	增值税税控系统专用设备费及技术维护费			0.00	0.00	
2	分支机构预征缴纳税款			0.00	0.00	
3	建筑服务预征缴纳税款			0.00	0.00	
4	销售不动产预征缴纳税款			0.00	0.00	
5	出租不动产预征缴纳税款			0.00	0.00	

二、加计抵减情况

序号	加计抵减项目	期初余额 1	本期发生额 2	本期调减额 3	本期可抵减 4=1+2-3	本期实际抵减额 5	期末余额 6=4-5
6	一般项目加计抵减额计算	0.00			0.00	0.00	0.00
7	即征即退项目加计抵减额计算				0.00	0.00	0.00
8	合计				0.00	0.00	0.00

表 6-16

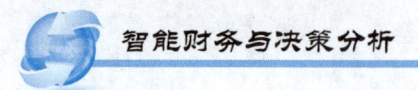

增值税减免税申报明细表

纳税人识别号：91101057676419873 6　　纳税人名称：北京福兴电器有限公司
所属时期：20211201 至 20211231　　填表日期：20220101　　金额单位：元(列至角分)

一、减税项目

减税性质代码及名称	栏次	期初余额 1	本期发生额 2	本期应抵减税额 3=1+2	本期实际抵税额 4<=3	期末余额 5=3-4
合计		0.00	0.00	0.00	0.00	0.00
∨				0.00	0.00	0.00
∨				0.00	0.00	0.00
∨				0.00	0.00	0.00
∨				0.00	0.00	0.00
∨				0.00	0.00	0.00
∨				0.00	0.00	0.00
∨				0.00	0.00	0.00
∨				0.00	0.00	0.00

二、免税项目

免税性质代码及名称	栏次	免征增值税项目销售额 1	免税销售额扣除项目本期实际扣除金额 2	扣除后免税销售额 3=1-2	免税销售额对应的进项税额 4	免税额 5
合计		0.00	0.00	0.00	0.00	0.00
出口免税			--	--	--	--
其中：跨境服务			--	--	--	--
∨				0.00		
∨				0.00		
∨				0.00		
∨				0.00		
∨				0.00		
∨				0.00		
∨				0.00		

表6-17

其他税费月申报表

金额单位：至元角分

税种	税目	计税金额（或数量）	税率（%）	单位税额	应纳税额
个人所得税	正常工资薪金	64358.52	-	-	64358.52
印花税	购销合同	33792072.05	0.0300	-	10137.62
	产权转移书据		0.0500	-	0.00
	借款合同		0.0050	-	0.00
	权利许可证照		-	5.00	0.00
	财产租赁合同		0.1000	-	0.00
	货物运输合同	30750.00	0.0500	-	15.38
	资金账簿		0.0250	-	0.00
	仓储保管合同	23253.17	0.1000	-	23.25
	加工承揽合同		0.0500	-	0.00
城市维护建设税		2795578.86	7.0000	-	195690.52
教育费附加		2795578.86	3.0000	-	83867.37
合计					354092.66

本企业个人所得税申报税方式为汇总申报，财务人员根据企业实际缴纳税款作为缴税基数填写。

3. 企业所得税的申报

按月或按季预缴的,应当自月份或者季度终了之日起 15 日内,向税务机关报送预缴企业所得税纳税申报表,见表 6-18。自年度终了之日起 5 个月内,向税务机关报送年度企业所得税纳税申报表,见表 6-19 至表 6-29,并汇算清缴,结清应缴应退税款。

表 6-18

A200000 中华人民共和国企业所得税月(季)度预缴纳税申报表(A类)

纳税人识别号(统一社会信用代码): 91101057676419873　　　纳税人名称: 北京福兴电器有限公司

所属时期: 20211001　至 20211231　　填表日期: 20220101　　　金额单位: 元至角分

预缴方式	□ 按照实际利润额预缴　□ 按照上一纳税年度应纳税所得额平均额预缴　□ 按照税务机关确定的其他方法预缴
企业类型	□ 一般企业　□ 跨地区经营汇总纳税企业总机构　□ 跨地区经营汇总纳税企业分支机构

预缴税款计算

行次	项目	本年累计金额
1	营业收入	65670013
2	营业成本	51065577.22
3	利润总额	9724034.61
4	加:特定业务计算的应纳税所得额	
5	减:不征税收入	
6	减:免税收入、减计收入、所得减免等优惠金额(填写A201010)	
7	减:固定资产加速折旧(扣除)调减额(填写A201020)	66381.22
8	减:弥补以前年度亏损	
9	实际利润额(3+4-5-6-7-8)\按照上一纳税年度应纳税所得额平均额确定的应纳税所得额	9657653.39
10	税率(25%)	25%
11	应纳所得税额(9×10)	2414413.35
12	减:减免所得税额(填写A201030)	
13	减:实际已缴纳所得税额	
14	减:特定业务预缴(征)所得税额	
15	本期应补(退)所得税额(11-12-13-14)\税务机关确定的本期应纳所得税额	2414413.35

汇总纳税企业总分机构税款计算

16		总机构本期分摊应补(退)所得税额(17+18+19)	0.00
17	总机构填报	其中:总机构分摊应补(退)所得税额(15×总机构分摊比例　%)	0.00
18		财政集中分配应补(退)所得税额(15×财政集中分配比例　%)	0.00
19		总机构具有主体生产经营职能的部门分摊所得税额(15×全部分支机构分摊比例%×总机构具有主体生产经营职能部门分摊比例　%)	0.00
20	分支机构填报	分支机构本期分摊比例	
21		分支机构本期分摊应补(退)所得税额	

附报信息

小型微利企业	□ 是　□ 否	科技型中小企业	□ 是　□ 否
高新技术企业	□ 是　□ 否	技术入股递延纳税事项	□ 是　□ 否
期末从业人数			

表 6-19

企业所得税年度纳税申报表（A类）（A100000）

行次	类别	项　　　目	金　　额
1	利润总额计算	一、营业收入(填写A101010\101020\103000)	65670013.00
2		减：营业成本(填写A102010\102020\103000)	51065577.22
3		减：税金及附加	664017.64
4		减：销售费用(填写A104000)	4418141.77
5		减：管理费用(填写A104000)	284602.50
6		减：财务费用(填写A104000)	-485743.26
7		减：资产减值损失	
8		加：公允价值变动收益	
9		加：投资收益	617.48
10		二、营业利润(1-2-3-4-5-6-7+8+9)	9724034.61
11		加：营业外收入(填写A101010\101020\103000)	
12		减：营业外支出(填写A102010\102020\103000)	
13		三、利润总额（10+11-12）	9724034.61
14	应纳税所得额计算	减：境外所得（填写A108010）	
15		加：纳税调整增加额（填写A105000）	938339.45
16		减：纳税调整减少额（填写A105000）	66394.72
17		减：免税、减计收入及加计扣除（填写A107010）	342.35
18		加：境外应税所得抵减境内亏损（填写A108000）	
19		四、纳税调整后所得（13-14+15-16-17+18）	10595636.99
20		减：所得减免（填写A107020）	
21		减：弥补以前年度亏损（填写A106000）	
22		减：抵扣应纳税所得额（填写A107030）	
23		五、应纳税所得额（19-20-21-22）	10595636.99
24	应纳税额计算	税率（25%）	25%
25		六、应纳所得税额（23×24）	2648909.25
26		减：减免所得税额（填写A107040）	
27		减：抵免所得税额（填写A107050）	
28		七、应纳税额（25-26-27）	2648909.25
29		加：境外所得应纳所得税额（填写A108000）	
30		减：境外所得抵免所得税额（填写A108000）	
31		八、实际应纳所得税额（28+29-30）	2648909.25
32		减：本年累计实际已缴纳的所得税额	2414413.35
33		九、本年应补（退）所得税额（31-32）	234495.90
34		其中：总机构分摊本年应补（退）所得税额(填写A109000)	
35		财政集中分配本年应补（退）所得税额(填写A109000)	
36		总机构主体生产经营部门分摊本年应补（退）所得税额(填写A109000)	

表 6-20

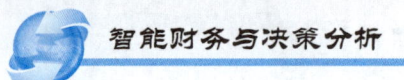

一般企业收入明细表(A101010)

行次	项　　目	金　　额
1	一、营业收入 (2+9)	65670013.00
2	（一）主营业务收入 (3+5+6+7+8)	65670013.00
3	1.销售商品收入	65670013
4	其中：非货币性资产交换收入	
5	2.提供劳务收入	
6	3.建造合同收入	
7	4.让渡资产使用权收入	
8	5.其他	
9	（二）其他业务收入 (10+12+13+14+15)	0.00
10	1.销售材料收入	
11	其中：非货币性资产交换收入	
12	2.出租固定资产收入	
13	3.出租无形资产收入	
14	4.出租包装物和商品收入	
15	5.其他	
16	二、营业外收入 (17+18+19+20+21+22+23+24+25+26)	0.00
17	（一）非流动资产处置利得	
18	（二）非货币性资产交换利得	
19	（三）债务重组利得	
20	（四）政府补助利得	
21	（五）盘盈利得	
22	（六）捐赠利得	
23	（七）罚没利得	
24	（八）确实无法偿付的应付款项	
25	（九）汇兑收益	
26	（十）其他	

表 6-21

一般企业成本支出明细表(A102010)

行次	项目	金额
1	一、营业成本 (2+9)	51065577.22
2	(一) 主营业务成本 (3+5+6+7+8)	51065577.22
3	1.销售商品成本	51065577.22
4	其中：非货币性资产交换成本	
5	2.提供劳务成本	
6	3.建造合同成本	
7	4.让渡资产使用权成本	
8	5.其他	
9	(二) 其他业务成本 (10+12+13+14+15)	0.00
10	1.销售材料成本	
11	其中：非货币性资产交换成本	
12	2.出租固定资产成本	
13	3.出租无形资产成本	
14	4.包装物出租成本	
15	5.其他	
16	二、营业外支出 (17+18+19+20+21+22+23+24+25+26)	0.00
17	(一) 非流动资产处置损失	
18	(二) 非货币性资产交换损失	
19	(三) 债务重组损失	
20	(四) 非常损失	
21	(五) 捐赠支出	
22	(六) 赞助支出	
23	(七) 罚没支出	
24	(八) 坏账损失	
25	(九) 无法收回的债券股权投资损失	
26	(十) 其他	

表 6-22

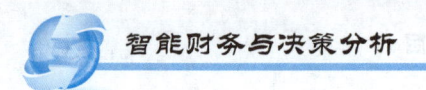

期间费用明细表(A104000)

行次	项目	销售费用	其中：境外支付	管理费用	其中：境外支付	财务费用	其中：境外支付
		1	2	3	4	5	6
1	一、职工薪酬	749260.92	——	79440	——		——
2	二、劳务费					——	——
3	三、咨询顾问费					——	——
4	四、业务招待费	921084.55	——		——		——
5	五、广告费和业务宣传费	660377.36	——		——		——
6	六、佣金和手续费						
7	七、资产折旧摊销费		——	3904.78	——		——
8	八、财产损耗、盘亏及毁损失		——		——		——
9	九、办公费		——	54785.42	——		——
10	十、董事会费		——		——		——
11	十一、租赁费			25230.27			
12	十二、诉讼费						
13	十三、差旅费	117318.55	——		——		——
14	十四、保险费		——		——		——
15	十五、运输、仓储费			79874.15	——		——
16	十六、修理费			40911.41			
17	十七、包装费		——				
18	十八、技术转让费						
19	十九、研究费用			456.47	——		——
20	二十、各项税费		——		——		
21	二十一、利息收支	——	——	——	——	68363.11	
22	二十二、汇兑差额			——	——		
23	二十三、现金折扣					-554106.37	——
24	二十四、党组织工作经费			——			
25	二十五、其他	1970100.39					
26	合计(1+2+3+...25)	4418141.77	0.00	284602.50	0.00	-485743.26	0.00

表 6-23

纳税调整项目明细表(A105000)

行次	项目	账载金额 1	税收金额 2	调增金额 3	调减金额 4
1	一、收入类调整项目 (2+3+4+5+6+7+8+10+11)	——	——	13.50	13.50
2	(一) 视同销售收入（填写A105010）			0.00	——
3	(二) 未按权责发生制原则确认的收入（填写A105020）			0.00	0.00
4	(三) 投资收益（填写A105030）	670.60	657.10	0.00	13.50
5	(四) 按权益法核算长期股权投资对初始投资成本调整确认收益				
6	(五) 交易性金融资产初始投资调整			13.5	
7	(六) 公允价值变动净损益			0.00	0.00
8	(七) 不征税收入			——	——
9	其中：专项用途财政性资金（填写A105040）				
10	(八) 销售折扣、折让和退回			0.00	0.00
11	(九) 其他			0.00	0.00
12	二、扣除类调整项目 (13+14+15+16+17+18+19+20+21+22+23+24+26+27+28+29+30)			938325.95	0.00
13	(一) 视同销售成本（填写A105010）	——	——	——	0.00
14	(二) 职工薪酬（填写A105050）	7981312.92	7938385.60	42927.32	0.00
15	(三) 业务招待费支出	921084.55	328350.07	592734.48	——
16	(四) 广告费和业务宣传费支出（填写A105060）			0.00	0
17	(五) 捐赠支出（填写A105070）			0.00	0.00
18	(六) 利息支出			0.00	0.00
19	(七) 罚金、罚款和被没收财物的损失		——	0.00	——
20	(八) 税收滞纳金、加收利息		——	0.00	——
21	(九) 赞助支出				
22	(十) 与未实现融资收益相关在当期确认的财务费用			0.00	0.00
23	(十一) 佣金和手续费支出			0.00	
24	(十二) 不征税收入用于支出所形成的费用	——	——	——	
25	其中：专项用途财政性资金用于支出所形成的费用（填写A105040）				
26	(十三) 跨期扣除项目			0.00	0.00
27	(十四) 与取得收入无关的支出		——	0.00	——
28	(十五) 境外所得分摊的共同支出		——	——	
29	(十六) 党组织工作经费				
30	(十七) 其他	1970100.39	1667436.24	302664.15	0.00
31	三、资产类调整项目 (32+33+34+35)	——	——	0.00	66381.22
32	(一) 资产折旧、摊销（填写A105080）	3904.78	70286.00		66381.22
33	(二) 资产减值准备金				0.00
34	(三) 资产损失（填写A105090）	0.00	0.00		
35	(四) 其他			0.00	0.00
36	四、特殊事项调整项目 (37+38+39+40+41+42)			0.00	0.00
37	(一) 企业重组及递延纳税事项（填写A105100）			0.00	0
38	(二) 政策性搬迁（填写A105110）				
39	(三) 特殊行业准备金（填写A105120）			0.00	0.00
40	(四) 房地产开发企业特定业务计算的纳税调整额（填写A105010）			0.00	0.00
41	(五) 合伙企业法人合伙人应分得的应纳税所得额				
42	(六) 其他				
43	五、特别纳税调整应税所得				
44	六、其他				
45	合计 (1+12+31+36+43+44)			938339.45	66394.72

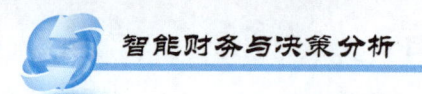

表6-24 职工薪酬支出及纳税调整明细表（A105050）

行次	项目	账载金额 1	实际发生额 2	税收规定扣除率 3	以前年度累计结转扣除额 4	税收金额 5	纳税调整金额 6 (1-5)	累计结转以后年度扣除额 7 (2+4+5)
1	一、工资薪金支出	5789804.83	3758878.36	—	—	5789804.83	0.00	—
2	其中：股权激励			—	—		0.00	—
3	二、职工福利费支出	853500	569000	14%	—	810572.68	42927.32	—
4	三、职工教育经费支出	102420.00	68280.00	—	0.00	102420.00	0.00	−34140.00
5	其中：按税收规定比例扣除的职工教育经费	102420	68280	8%	—		0.00	−34140.00
6	按税收规定全额扣除的职工培训费用			%	—			
7	四、工会经费支出	115796.09	75177.56	2%	—	115796.09	0.00	—
8	五、各类基本社会保障性缴款	1119792	746528	—	—	1119792	0.00	—
9	六、住房公积金			—	—			—
10	七、补充养老保险			%	—			—
11	八、补充医疗保险			%	—			—
12	九、其他			—	—			—
13	合计 (1+3+4+7+8+9+10+11+12)	7981312.92	5217863.92	—	0.00	7938385.60	42927.32	−34140.00

表6-25
5030

投资收益纳税调整明细表

项目	持有收益			处置收益						纳税调整金额
	账载金额	税收金额	纳税调整金额	会计确认的处置收入	税收计算的处置收入	处置投资的账面价值	处置投资的计税基础	会计确认的处置所得或损失	税收计算的处置所得或损失	纳税调整金额
	1	2	3 (2-1)	4	5	6	7	8 (4-6)	9 (5-7)	10 (9-8)	11 (3+10)
一、交易性金融资产			0.00	14170.6	14170.6	13500	13513.5	670.60	657.10	-13.50	-13.50
二、可供出售金融资产			0.00					0.00	0.00	0.00	0.00
三、持有至到期投资			0.00					0.00	0.00	0.00	0.00
四、衍生工具			0.00					0.00	0.00	0.00	0.00
五、交易性金融负债			0.00					0.00	0.00	0.00	0.00
六、长期股权投资			0.00					0.00	0.00	0.00	0.00
七、短期投资			0.00					0.00	0.00	0.00	0.00
八、长期债权投资			0.00					0.00	0.00	0.00	0.00
九、其他			0.00					0.00	0.00	0.00	0.00
合计(1+2+3+4+5+6+7+8+9)	0.00	0.00	0.00	14170.60	14170.60	13500.00	13513.50	670.60	657.10	-13.50	-13.50

表 6-26

广告费和业务宣传费跨年度纳税调整明细表（A105060）

行次	项目	金额
1	一、本年广告费和业务宣传费支出	660377.36
2	减：不允许扣除的广告费和业务宣传费支出	
3	二、本年符合条件的广告费和业务宣传费支出 (1-2)	660377.36
4	三、本年计算广告费和业务宣传费扣除限额的销售（营业）收入	65670013
5	乘：税收规定扣除率	15%
6	四、本企业计算的广告费和业务宣传费扣除限额 (4×5)	9850501.95
7	五、本年结转以后年度扣除额 (3＞6，本行=3-6；3≤6，本行=0)	0.00
8	加：以前年度累计结转扣除额	
9	减：本年扣除的以前年度结转额[3＞6，本行=0；3≤6，本行=8或(6-3)孰小值]	0.00
10	六、按照分摊协议归集至其他关联方的广告费和业务宣传费 (10≤3或6孰小值)	
11	按照分摊协议从其他关联方归集至本企业的广告费和业务宣传费	
12	七、本年广告费和业务宣传费支出纳税调整金额 (3＞6，本行=2+3-6+10-11；3≤6，本行=2+10-11-9)	0.00
13	八、累计结转以后年度扣除额 (7+8-9)	0.00

表 6-27

资产折旧、摊销及纳税调整明细表（A105080）

			账载金额			税收金额					
行次	项目		资产原值	本年折旧、摊销额	累计折旧、摊销额	资产计税基础	税收折旧额	享受加速折旧政策的资产按税收一般规定计算的折旧、摊销额	加速折旧统计额	累计折旧、摊销额	纳税调整金额
			1	2	3	4	5	6	7=5-6	8	9(2-5)
1	一、固定资产 (2+3+4+5+6+7)		70286.00	3904.78	3904.78	70286.00		--	--	70286.00	-66381.22
2	所有固定资产	（一）房屋、建筑物						--	--		0.00
3		（二）飞机、火车、轮船、机器、机械和生产设备						--	--		0.00
4		（三）与生产经营活动有关的器具、工具、家具等						--	--		0.00
5		（四）飞机、火车、轮船以外的运输工具						--	--		0.00
6		（五）电子设备	70286	3904.78	3904.78	70286	70286			70286	-66381.22
7		（六）其他						--	--		0.00
8	其中：享受固定资产加速折旧及一次性扣除政策的资产加速折旧额大于一般折旧额的部分	（一）重要行业固定资产加速折旧（不含一次性扣除）						--	--		--
9		（二）其他行业研发设备加速折旧						--	--		--
10		（三）固定资产一次性扣除	70286	3904.78	3904.78	70286	70286	3904.78	66381.22	70286	
11		（四）技术进步、更新换代同定资产									
12		（五）常年强震动、高腐蚀固定资产									
13		（六）外购软件折旧									
14		（七）集成电路企业生产设备									
15	二、生产性生物资产 (16+17)		0.00	0.00	0.00	0.00	0.00	--	--	0.00	0.00
16		（一）林木类						--	--		0.00
17		（二）畜类						--	--		0.00
18	三、无形资产 (19+20+21+22+23+24+25+27)		0.00	0.00	0.00	0.00	0.00	--	--	0.00	0.00
19		（一）专利权						--	--		0.00
20		（二）商标权						--	--		0.00
21		（三）著作权						--	--		0.00
22		（四）土地使用权						--	--		0.00
23		（五）非专利技术						--	--		0.00
24		（六）特许权使用费						--	--		0.00
25		（七）软件						--	--		0.00
26	其中：享受企业外购软件加速摊销政策							--	--		--
27		（八）其他						--	--		0.00
28	四、长期待摊费用 (29+30+31+32+33)		0.00	0.00	0.00	0.00	0.00	--	--	0.00	0.00
29		（一）已足额提取折旧的固定资产的改建支出						--	--		
30		（二）租入固定资产的改建支出						--	--		
31		（三）固定资产的大修理支出						--	--		
32		（四）开办费						--	--		
33		（五）其他						--	--		
34	五、油气勘探投资							--	--		
35	六、油气开发投资							--	--		
36	合计 (1+15+18+28+34+35)		70286.00	3904.78	3904.78	70286.00	70286.00			70286.00	-66381.22
附列资料	全民所有制改制资产评估增值政策资产										

表 6-28

免税、减计收入及加计扣除优惠明细表(A107010)

行次	项目	金额
1	一、免税收入 (2+3+6+7+...+16)	0.00
2	(一) 国债利息收入免征企业所得税	
3	(二) 符合条件的居民企业之间的股息、红利等权益性投资收益免征企业所得税 (填写A107011)	
4	其中: 内地居民企业通过沪港通投资且连续持有H股满12个月取得的股息红利所得免征企业所得税 (填写A107011)	
5	内地居民企业通过深港通投资且连续持有H股满12个月取得的股息红利所得免征企业所得税 (填写A107011)	
6	(三) 符合条件的非营利组织的收入免征企业所得税	
7	(四) 符合条件的非营利组织 (科技企业孵化器) 的收入免征企业所得税	
8	(五) 符合条件的非营利组织 (国家大学科技园) 的收入免征企业所得税	
9	(六) 中国清洁发展机制基金取得的收入免征企业所得税	
10	(七) 投资者从证券投资基金分配中取得的收入免征企业所得税	
11	(八) 取得的地方政府债券利息收入免征企业所得税	
12	(九) 中国保险保障基金有限责任公司取得的保险保障基金等收入免征企业所得税	
13	(十) 中国奥委会取得北京冬奥组委支付的收入免征企业所得税	
14	(十一) 中国残奥委会取得北京冬奥组委分期支付的收入免征企业所得税	
15	(十二) 其他1	
16	(十三) 其他2	
17	二、减计收入 (18+19+23+24)	0.00
18	(一) 综合利用资源生产产品取得的收入在计算应纳税所得额时减计收入	
19	(二) 金融、保险等机构取得的涉农利息、保费减计收入 (20+21+22)	0.00
20	1.金融机构取得的涉农贷款利息收入在计算应纳税所得额时减计收入	
21	2.保险机构取得的涉农保费收入在计算应纳税所得额时减计收入	
22	3.小额贷款公司取得的农户小额贷款利息收入在计算应纳税所得额时减计收入	
23	(三) 取得铁路债券利息收入减半征收企业所得税	
24	(四) 其他	
25	三、加计扣除 (26+27+28+29+30)	342.35
26	(一) 开发新技术、新产品、新工艺发生的研究开发费用加计扣除 (填写A107012)	342.35
27	(二) 科技型中小企业开发新技术、新产品、新工艺发生的研究开发费用加计扣除 (填写A107012)	
28	(三) 企业为获得创新性、创意性、突破性的产品进行创意设计活动而发生的相关费用加计扣除	
29	(四) 安置残疾人员所支付的工资加计扣除	
30	(五) 其他	
31	合计 (1+17+25)	342.35

表 6-29

A107012

研发费用加计扣除优惠明细表

行次	项目	金额（数量）
1	本年可享受研发费用加计扣除项目数量	
2	一、自主研发、合作研发、集中研发 (3+7+16+19+23+34)	456.47
3	（一）人员人工费用 (4+5+6)	0.00
4	1.直接从事研发活动人员工资薪金	
5	2.直接从事研发活动人员五险一金	
6	3.外聘研发人员的劳务费用	
7	（二）直接投入费用 (8+9+10+11+12+13+14+15)	456.47
8	1.研发活动直接消耗材料	456.47
9	2.研发活动直接消耗燃料	
10	3.研发活动直接消耗动力费用	
11	4.用于中间试验和产品试制的模具、工艺装备开发及制造费	
12	5.用于不构成固定资产的样品、样机及一般测试手段购置费	
13	6.用于试制产品的检验费	
14	7.用于研发活动的仪器、设备的运行维护、调整、检验、维修等费用	
15	8.通过经营租赁方式租入的用于研发活动的仪器、设备租赁费	
16	（三）折旧费用 (17+18)	0.00
17	1.用于研发活动的仪器的折旧费	
18	2.用于研发活动的设备的折旧费	
19	（四）无形资产摊销 (20+21+22)	0.00
20	1.用于研发活动的软件的摊销费用	
21	2.用于研发活动的专利权的摊销费用	
22	3.用于研发活动的非专利技术（包括许可证、专有技术、设计和计算方法等）的摊销费用	
23	（五）新产品设计费等 (24+25+26+27)	0.00
24	1.新产品设计费	
25	2.新工艺规程制定费	
26	3.新药研制的临床试验费	
27	4.勘探开发技术的现场试验费	
28	（六）其他相关费用 (29+30+31+32+33)	0.00
29	1.技术图书资料费、资料翻译费、专家咨询费、高新科技研发保险费	
30	2.研发成果的检索、分析、评议、论证、鉴定、评审、评估、验收费用	
31	3.知识产权的申请费、注册费、代理费	
32	4.职工福利费、补充养老保险费、补充医疗保险费	
33	5.差旅费、会议费	
34	（七）经限额调整后的其他相关费用	
35	二、委托研发 (36+37+39)	0.00
36	（一）委托境内机构或个人进行研发活动所发生的费用	
37	（二）委托境外机构进行研发活动发生的费用	
38	其中：允许加计扣除的委托境外机构进行研发活动发生的费用	
39	（三）委托境外个人进行研发活动发生的费用	
40	三、年度研发费用小计(2+36×80%+38)	456.47
41	（一）本年费用化金额	456.47
42	（二）本年资本化金额	
43	四、本年形成无形资产摊销额	
44	五、以前年度形成无形资产本年摊销额	
45	六、允许扣除的研发费用合计 (41+43+44)	456.47
46	减：特殊收入部分	
47	七、允许扣除的研发费用抵减特殊收入后的金额(45-46)	456.47
48	减：当年销售研发活动直接形成产品（包括组成部分）对应的材料部分	
49	减：以前年度销售研发活动直接形成产品（包括组成部分）对应材料部分结转金额	
50	八、加计扣除比例（%）	75%
51	九、本年研发费用加计扣除总额 (47-48-49) ×50	342.35
52	十、销售研发活动直接形成产品（包括组成部分）对应材料部分结转以后年度扣减金额（当年47-48-49≥0，本行 = 0；当47-48-49＜0，本行 = 47-48-49的绝对值）	0.00

项目七 决策分析

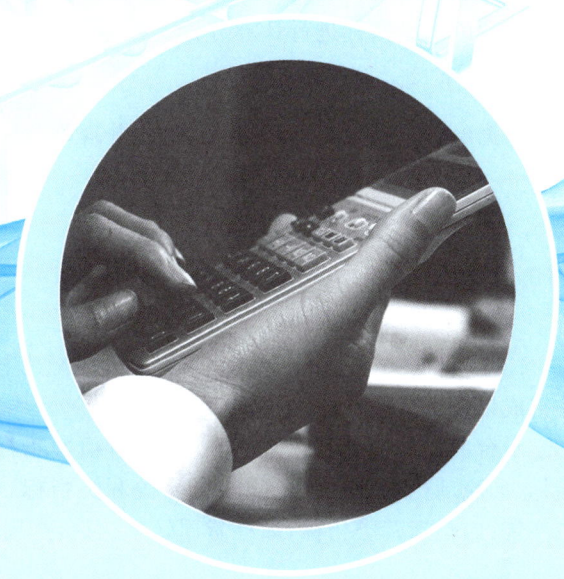

【思政目标】
  ◇ 培养学生热爱会计工作、忠于职守的敬业精神
  ◇ 培养学生爱国、友善的社会主义核心价值观

【知识目标】
  ◇ 熟悉平台评价规则及计算指标
  ◇ 准确分析经营过程中的得失,并做出汇报文案
  ◇ 对整个经营过程做路演报告,总结过程中的收获、体验、经验和教训

【技能目标】
  ◇ 能够准确计算评价指标数值并理解指标代表的意义
  ◇ 能够进行精彩的经营汇报

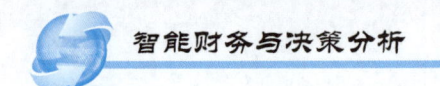

任务一　分析 KPI 指标

一、任务描述

(一)任务场景

在完成之前项目后,各组在财务总监的带领下对路演结果进行总结和评价。主要对企业运营的四类指标进行计算分析。

(二)任务布置

根据经营数据计算 KPI 指标数值,并理解指标代表的意义。

二、决策分析

(一)分析思路

KPI 指标,又叫关键业绩指标,是企业绩效考核的方法之一,其特点是考核指标围绕关键成果领域进行选取。

平台的关键业绩指标有四类:一是价值类指标,如信誉值、评估收益等;二是偿债类指标,如流动比率、净现金流等;三是盈利类指标,如现金毛利率、销售净利率、总资产报酬率等;四是运营类指标,如存货周转率、总资产周转率等。

(二)决策要点

1. 价值类指标

(1)信誉值

信誉值设置满值 100 分,在企业经营过程中,当发生不按时付款或者延迟发货等情形时会相应扣减该值,后期即使规范经营,该值也不会再增加。

(2)评估收益

评估收益是根据系统中的市场价格,评估企业全部资产和负债,计算出净资产市值,并扣除其净增加额应缴纳的企业所得税,得出税后净资产与企业注册资本的比值。该值越大,分数越高。

2. 偿债类指标

(1)流动比率

流动比率考察企业短期偿债能力。计算公式为

$$流动比率 = 流动资产 \div 流动负债$$

(2)净现金流

净现金流考察企业运营资金情况。计算公式为

$$净现金流 = 银行存款期末余额 + 库存现金期末余额$$

3. 盈利类指标

(1) 现金毛利率

现金毛利率主要考察经营现金流量的质量。计算公式为

$$现金毛利率 = 经营活动净现金流量 \div 经营活动现金流入量$$

(2) 销售净利率

销售净利率主要考察企业盈利状况。计算公式为

$$销售净利率 = 净利润 \div 主营业务收入$$

(3) 总资产报酬率

总资产报酬率主要以投资报酬为基础来分析企业获利能力。计算公式为

$$总资产报酬率 = (利润总额 + 利息支出) \div 平均资产总额$$

4. 运营类指标

(1) 存货周转率

存货周转率反映存货的周转速度,即存货的流动性及存货资金占用量是否合理。计算公式为

$$存货周转率 = 营业成本 \div 平均存货$$

(2) 总资产周转率

总资产周转率是衡量资产投资规模与销售水平之间配比情况的指标。计算公式为

$$总资产周转率 = 营业收入 \div 平均总资产$$

(三) 决策结论

(1) KPI指标评分标准(表7-1)

表7-1　　　　　　　　　　　　KPI指标评分标准

指标名称	对应分值
信誉值	5
评估收益	20
流动比率	10
净现金流	10
现金毛利率	15
销售净利率	10
总资产报酬率	10
存货周转率	10
总资产周转率	10
合计	100

(2) 稽查指标评分

① 财务数据处理情况(满分50分)

系统分别从企业的成本核算管理、财务报表和财产清查方面进行自动稽查。成本核

算管理主要考察企业工资分配表、制造费用分配表及完工产品与在产品分配表的填制情况,学生每月都应当填制成本核算表,错填或漏填均不得分;财务报表主要按照企业资产负债表部分资产、负债、权益项目最后一个月的时点数字给分,按照利润表每月时期数据累计给分,错填或漏报项目均不得分。

②纳税申报缴纳情况(满分50分)

纳税申报缴纳情况,主要考查学生对增值税、所得税及地方税种的申报缴纳情况。增值税方面,主要考查营改增后增值税业务的纳税申报缴纳情况;所得税方面,主要考查所得税季报的申报缴纳情况;地方税种方面,主要考查城市维护建设税及附加、房产税、印花税等地方税种的申报缴纳情况。申报表错填或漏填均不得分。

三、操作流程

1. KPI指标值(表7-2)

表7-2　　　　　　　　　　　　　　KPI指标值

指标名称	指标计算结果	对应分值/总分值
信誉值	99.80	5/5
评估收益	1.19	12/20
流动比率	1.89	10/10
净现金流	16 887 484.74	10/10
现金毛利率	0.16	9/15
销售净利率	0.10	10/10
总资产报酬率	0.33	6/10
存货周转率	6.23	10/10
总资产周转率	2.37	9/10
合计	—	81/100

2. 稽查指标值(表7-3)

表7-3　　　　　　　　　　　　　　稽查指标值

指标名称	满分	稽查分
账实相符	4.50	3.00
工资分配表	8.10	8.10
制造费用分配表	1.50	1.50
完工产品与月末在产品成本分配表	8.10	8.10
纳税申报	23.00	23.00
账务处理	19.50	18.00
所得税汇算	35.30	31.05
总分	100	92.75

任务二　路演汇报

一、任务描述

(一)任务场景

路演报告的撰写是一项重要的职业技能,它不仅是对本实训的总结,也是对学生逻辑归纳能力的锻炼,有助于提升文字表达能力和工作总结能力。

(二)任务布置

路演汇报要求从以下方面开展:

(1)筹建企业的背景及团队成员。

(2)团队成员的分工、配合,以及在此过程中的收获、体验、经验和教训。

(3)剖析自身存在的问题,包括知识点、团队配合效率方面,以及总结后续努力的方向。

(4)对课程内容、形式、安排提出合理建议。

路演汇报以组为单位进行,形式可以多样化。组内举荐代表发言,可以制作PPT演讲稿或者视频等。

二、决策分析

在本实训中,学生是主要的参与者,路演汇报是检验学生的参与程度及实训效果的重要途径,也给学生提供一个展示自我、分享感受的平台,有助于激发学生的创新思维和对知识的融会贯通的能力,使实训效果得到升华。

三、操作流程

团队以本次实训的经营结果数据作为汇报案例,并针对此次团队经营的结果进行分析(如经营策略、业务决策、财务报表分析、得失分析等),从而提升学生的语言组织能力和表达、表现能力。此环节形式不限,鼓励学生创新思维。由每组组长作为评委进行打分,路演汇报打分见表7-4。

表 7-4　　　　　　　第　　组企业经营汇报打分表(30 分)

尊敬的评委：

请您在打分前仔细阅读以下的评分标准，按照公平公正的原则给其他团队的同学打分。

项目	项目说明	评分	评委评语
PPT 质量 (8 分)	内容充实、PPT 页面精美、内容清晰；高(6～8)；中(4～6)；低(1～4)		
仪容仪表 (3 分)	衣着讲究、礼貌得体(2～3)；衣着规范、行为举止标准(1～2)；比较随意(0～1)		
开场 (2 分)	开场是否有感染力；很有感染力(1～2)；一般(0～1)；没有(0)		
声音 (3 分)	洪亮、有渗透力(2～3)；一般(1～2)；最后一排听不清楚(0～1)		
语言 (3 分)	普通话标准、措辞到位、流利、幽默风趣(2～3)；口音重，但措辞精准、幽默风趣(1～2)；口音重、表述不清、平淡且无感情色彩(0～1)		
时间控制 (3 分)	能准确把握时间(2～3)；稍有延时或提前(1～2)；完全失控(0)		
创新性 (5 分)	经营汇报形式是否创新(团队每个人均上场发表了自己的感想亦可算为创新)：有创新(3～5)；一般(1～3)；毫无创新(0～1)		
收尾 (3 分)	有很好的收尾并且礼貌得体(2～3)；有收尾但较为平淡(1～2)；无收尾，草草收场(0～1)		
合计 (30 分)			

评分说明：每个小组组长作为评委根据汇报过程进行打分，并计算总分。最终计算成绩时去掉最高分和最低分，取平均分作为该团队该环节的最终得分。

评委签字：